销售心理学

把话说到客户心里去

林郁◎著

21 二十一世纪出版社集团
21st Century Publishing Group
全国百佳出版社

图书在版编目（CIP）数据

销售心理学：把话说到客户心里去 / 林郁主编 .--
南昌：二十一世纪出版社集团, 2017.4
（认知心理学文丛）

ISBN 978-7-5568-1753-5

Ⅰ.①销… Ⅱ.①林… Ⅲ.①销售—商业心理学—通
俗读物 Ⅳ.①F713.55-49

中国版本图书馆CIP数据核字(2017)第047149号

销售心理学： 把话说到客户心里去

林郁/主编

责任编辑	敖登格日乐	
出版发行	二十一世纪出版社集团	
	（江西省南昌市子安路 75 号　330009）	
	www.21cccc.com　cc21@163.net	
出 版 人	张秋林	
经　　销	新华书店	
印　　刷	北京竹曦印务有限公司	
版　　次	2018 年 4 月第 1 版	
开　　本	880mm×1230mm　1/32	
印　　张	9	
字　　数	210 千字	
书　　号	ISBN 978-7-5568-1753-5	
定　　价	36.00 元	

赣版权登字—04—2017—208
如发现印装质量问题，请寄本社图书发行公司调换 0791-86524997

前　言

　　一个优秀销售人员的销售行为往往是成功的，但是成功的销售依靠的绝不仅仅是销售人员的专业知识、努力程度，还要依靠销售人员对于自己，以及客户心理的体察、引导和把握。

　　一项针对901种新产品的调查显示，在销售过程中，如果销售人员能够以良好的心态投入与客户接触的过程中，并且根据客户的心理需要采用一种周到的方式来销售自己的产品，那么销售成功率（在销售环节存在5年以上算是成功）大约为53%；而如果采用一般的销售方法，缺少心理技巧，则销售的成功率就只有24%，低了一大半。实践证明，如果销售人员能够很好地运用心理策略，那么客户往往不会对产品百般挑剔，也不会对价格斤斤计较，而且在销售中恰当地运用心理策略能够使客户更加忠诚。据统计，在运用心理学的方法进行销售的品牌中，产品对低价竞争的有效抵御力高达82%，而运用一般销售方法进行销售的品牌中，竟然只有10%的产品能够勉强抵御住低价竞争。

　　由此可见，在销售过程中，恰当地运用心理策略能够使销售人员最大限度地取得成功，使得销售行为的效率最大化。

　　随着我国市场经济的不断发展，市场竞争日益激烈，消费需求日趋多样化。在这种新态势下，企业营销越来越难，如果不分析、研究消费者心理及其变化，并据此采取有效的营销对策，就难以在竞争中取胜。销售活动始于对消费者需求的了解，在感性消费日益成为潮流的市场环境中，如果仅仅根据人口、年龄、职业、收入等因素来研究市场，你甚至无法理解消费者，成功的营销策略更是无从谈起。那么，为什么掌握客户心理相比其他条件，如产品的价格、特色等，在营销上反而更有决定性呢？这是因为一切购买行为到最后都是取决于客户当时的情绪导向的。

本书旨在使销售人员具备高超的销售能力，使之成为销售冠军。如果你正在为自己的销售能力苦恼，如果你想进一步提高自己的销售能力，那么，翻开本书吧！仔细阅读本书，反复推敲和练习，用心学好每一种技巧，相信你的销售能力一定会有一个质的飞跃。

目 录

第一章
风雨中前行，你要内心强大

销售人员是风雨中的前行者，于黑暗中守望光明。胆怯、纠结、矛盾、迷茫、诱惑……承受着一轮又一轮的痛苦，置身于无尽的黑夜中，却看不到哪怕一点点微光。怎样才能坚持住，熬过最黑的夜，守望到成功的到来呢？无疑，你要有强大的内心——于迷茫中坚定信念，于失望中再生希望，笑对轻贱谩骂，在贫穷中忍耐，不愤怒、不抱怨、不放弃，一次又一次去做、去努力……

不忘初心，方得始终

还记得为什么投身于销售吗？"做销售很锻炼人，想获得成长""做销售接触的人多，可以积累人脉"……这些真的是最初的愿望吗？

其实，绝大多数人投身于销售是因为其门槛低，收入高且无上限。换句话说，做销售，只要做好了，就能让我们快速摆脱贫穷。

但遗憾的是，很多销售人员只意识到，承认了贫穷等于承认了自己的无能，却没看到为了摆脱贫穷而奋斗的自己是多么可爱、可敬。

贫穷不可耻，安于贫穷才可耻。拼命否认贫穷，只会让自己迷失在自欺欺人的谎言中，看不清努力的方向。相反，坦率一些，敢于直面当下的窘迫，反而会激发出自己强大的潜力，取得让人惊喜的结果。

在法国，有一个叫巴拉昂的人，靠销售装饰肖像起家，在不到10年的时间里，就让自己身家过亿，名列法国富豪榜的前50位。

不幸的是，这位年轻的富豪患上了前列腺癌，1998年于法国博比尼医院去世。他在遗嘱中对自己的财产做了如下安排：价值4.6亿法郎的股份捐献给博比尼医院，用于攻克前列腺癌的研究；100万法郎的现金奖励给能揭开贫穷和富有之谜的人。

巴拉昂去世之后，法国一家名叫《科西嘉人报》的报纸刊登了巴拉昂的遗嘱。遗嘱中说："我曾经饱受贫穷之苦，所幸我并未在生命结束的时候才摆脱它。我已经是一个有钱人，虽然我即将走进天堂。在跨过天堂的门槛之前，我不想把我从穷人变成富人的秘诀带走。我将这个秘诀锁在法兰西中央银行的一个我私有的保险箱里。保险箱需要三把钥匙同时使用才能开启，它们分别在我的一个律师和两个代理人手里。如果谁能回答什么是穷人想致富最不能缺少的，也就是猜中了我的秘诀，他将得到我的祝贺。当然，那时的我已经不可能从天堂回来为他的睿智而欢呼鼓掌了，但是在那只保险箱里有100万法郎，是我为他准备的贺礼。"

此后，《科西嘉人报》收到了很多读者的来信，一时之间众说纷纭。有人在信中说这是《科西嘉人报》通过炒作以增加自己的发行量的手段；有人在信中大骂巴拉昂被癌症折磨疯了，仗着自己有几个破钱没事耍着穷人玩；但也有很多热心的读者寄来答案。

报社共收到了48561个答案。其中，绝大多数人认为：穷人之所以穷，那是因为穷人最缺钱，有钱了自然就不是穷人了。而有的人又认为，穷人最缺的是发展和发财的机会。还有的人认为，穷人缺少的是技能，如果一个穷人拥有像比尔·盖茨那样的软件技能，自然就不会穷。甚至有人认为，穷人之所以穷，那是因为他们缺少帮助，试想，如果世界上每个人都能拿出一元钱来帮助一个穷人，那么这个穷人自然就成为富翁了。当然，还有其他各种各样的答案，像权力、背景、美貌等。

终于，谜底在巴拉昂逝世一周年纪念日揭晓。当天，律师和代理人在公证部门的监视下打开了那只保险箱，揭晓了巴拉昂给出的答案——野心。他说，如果穷人不具有成为富人的野心，是不可能成为富人的，而自己正是凭着这种野心才改变了贫穷的命运。

巴拉昂的谜底在法国甚至英美等国家都引起了人们的普遍讨论。很多媒体也以此为话题采访了多位好莱坞的新贵和其他行业几位年轻的富翁，而这些富人毫不避讳地承认：贫穷最易唤起人的野心，而野心正是贫穷的特效药，是所有奇迹的萌发点。

这一点也在很多知名富翁的身上得到了印证。在他们成为富翁之前，无不是把财富作为自己矢志不渝的奋斗目标。

沃伦·巴菲特就是个很好的例子。他从不否认自己饱尝贫穷的苦，那种苦痛让他在七岁因生病而性命垂危的时候仍然耿耿于怀，还念念不忘着要摆脱贫穷，要成为一个富有的人！而后来他真的成了世界首富。

由此可见，直面贫穷的苦，不美化、不掩饰，你会产生更加巨大、迫切的摆脱欲望，也就是野心。而这份不甘不仅会让你付出更多的努力，做更多的事，而且会让你的所有行为更具指向性，更加有效。

作为销售人员，只有不忘记贫穷的苦，才会越挫越勇，才会在成功后不自满，继续努力。

销售拼的是内心的强大

现实生活中，同样是做销售的，为什么有些人那么幸运，碰到的客户总是那么和善、慷慨？为什么他们能通过自己的销售技能使自己变成有钱人，快快乐乐地生活；而有些人却因没有客户而发愁，因客户的拒绝而痛苦，因销售失败而抱怨？

心理学家指出，贫穷或富有、快乐或痛苦、成功或失败，这一切的差别都是从心态开始的。一切的成就、一切的财富都始于积极的心态。做销售，你会遭遇各种各样的困难。懦弱的心会让你一退再退、一逃再逃，最后跌入失败的深渊；而强大的心会让你迎难而上，不断前进，直至成功。成功学专家拿破仑·希尔指出，一个人能否成功，关键在于他的心态。

与沉浸在悲伤之中的人相比，内心强大的人往往更加积极热情、更有吸引力、更容易被人信任，自然也就拥有更多的机会获取成功。

雷特刚到一家杂志社做广告业务员。一上任，他就找到经理提出不要底薪，只需把根据业绩抽取佣金的比例提高2个点即可，对自己非常有信心。经理答应了他的要求。

接着，他列出了一份很特别的名单，上面是这家杂志社曾经联系过却没有成功的20位难缠客户，并且社里的其他业务员都认为他们根本不可能点头合作。

在拜访这些客户之前，雷特把自己关在屋子里，站在镜子前，把名单上的客户念了10遍，然后对自己说："在本月之前，你们将向我购买广告版面。"之后他怀着坚定的信心去拜访客户。第一天，他就成功地从20位"不可能"客户那里拿到了3份订单；在第一个星期结束时，他又多说服了2个人。

很快，一个月过去了，雷特没有完成他的目标，还剩下唯一的一位没有买他的广告版面。

第二个月，雷特没有去拜访新客户。他每天早晨都早早地在那位拒绝他的客户工作的写字楼下面等，一看见客户就上前去请对方做广告。每天早晨，这位客户都会回答说"不"，用各种理由敷衍、拒绝。不过每次听到"不"，雷特都当没有听到，第二天带着解决对方问题的方案继续前去拜访。

到第二个月的最后一天，对雷特已经连着说了30天"不"的客户说："我想你这个月的收入会让你连地铁也乘不起，这就是你这一个月的所得，你觉得这样做值得吗？为什么一直坚持这么做？"雷特说："当然值得，一个月的高薪怎么比得上我在您这里获得的经验。我想我能处理的情况又多了很多。更重要的是，您还培养了我坚忍不拔的精神！"

那位客户点点头，接着雷特的话说："其实我也得到了很多，您像一位老师一样，言传身教地教会了我'坚持到底'这一课。对我来说，这比别的收益更有价值。因此，虽然我还是不觉得你们杂志社广告有值得我选择的地方，但为了向您表示我的感激，我向你购买一个广告版面，就当付给您的学费。"

雷特完全凭着自己强大的内心，面对冷漠和拒绝时不抱怨、不愤怒，面对业绩挂零时不焦躁、不忧虑，在挫折中始终保持自信，坚守信念，朝着既定方向步履坚定地一步一步前行。在生活和工作中，我们往往就是因为缺少这种强大的内心力量而与成功失之交臂。我们甚至可以从雷特身上看到一段销售传奇即将上演的可能。

就是这样，在销售中，许多看似"失利"，换个角度，换个心情，结果就会完全不同。有一位哲人说过：决定人的状态的不是环境，而是心境。如果选择乐观、坚守信念，那么希望和干劲儿就会围绕在你身边；反之，如果眼里只有挫败，那么就难免绝望，难以坚持。销售人员须有充满阳光的内心，尤其是当销售工作开展得不顺利的时候。越是糟糕的情况，越要积极乐观地去应对。凡事往好处想，想自己从中所得到的，而不是失去或即将失去的。内心有个太阳，才能抵御途中的风雨。

具体地说，不妨尝试以下几点。

① 不要害怕人生的旅途中会出现灾难，要懂得积极态度所带来的力量，要坚信希望和乐观能引导你走向胜利。

② 以幽默的态度来面对现实中的失败。有幽默感的人，才有能力轻松克服困难。

③ 即使处境困难，也要保持乐观，努力寻找走出困境的办法。相信凡事都会有解决的办法。这样，你就不会放弃取得微小胜利的机会。

④ 偶尔也要屈服。面对巨大的重创，冷静地分析一下自己所处的环境，放弃该放弃的东西，你会发现，其实一切并没有那么难。

⑤ 无论多么严峻的形势向你逼来，你都要努力去发现有利的因素。这样，你就会发现自己已取得一些小的成功，自信心自然也就增长了。

⑥ 失败的时候，想想以前自己取得的成功，它会给你带来巨大的自信。

⑦ 闲暇之余，多接近乐观的人，培养自己乐观的态度。

⑧ 悲观性格不是天生的。悲观情绪不但可以减轻，而且通过努力还能转变成一种新的情绪——乐观。

⑨ 要意识到自己是幸福的。不要在烦恼袭来时，觉得自己是天底下最不幸的人。其实上帝是公平的，在为你关闭一扇窗的同时，肯定会为你打开一扇门，只是，这扇门有时需要你自

己去找。

　　从此刻开始，装个太阳在心里吧！心中有个红太阳，风雨中也有晴天！

不害怕，是销售人员的"第一天赋"

在去见客户之前，你是否很矛盾：害怕、不好意思、恐惧……但同时也在问自己：你到底在纠结什么？难道客户会揍你一顿？难道会比烈阳下工地上搬钢筋水泥的父亲更苦？虽然明明知道见客户是对的事情，但就是战胜不了自己内心的胆怯……

在外面犹豫了一个小时甚至更久以后，终于迈出了走向客户的第一步，去见了你的第一个客户，进去以后却完全不知道自己说了什么，只记得一个男的或者一个女的说"不"，然后就顺着对方手指的方向出来了，至于对方的职位，为什么不需要，完全不在思考范围内，甚至连对方的长相也因为害怕而没有看清。

轻呼一口气，不管怎么样，算是迈出了第一步。等到拜访第二个客户的时候，还是会怕被拒绝，怕客户随意丢过来的轻贱的态度……

很多新入行的销售人员都有过这样的心理历程。客户不是洪水猛兽，自己也不知道为什么就那么怕客户恶劣的态度，用一次又一次勉强拿出的勇气来战胜害怕，希望随着次数的增多而不再害怕。遗憾的是……

销售员小楠在打电话给客户王总之前已经做了充分的准备，对王总所在的公司也有一定的了解，比如：经营范围、公司规模等。

准备就绪后，小楠心想："今天上午一定要联系到王总，否则被竞争对手抢先，就不好办了。"小楠知道王总每天下午都不在公司，所以，要想找到他，通常需要上午打他办公室的电话。

可是小楠在打电话前却退缩了，一直到快11点了，她想：自己无论如何都要给王总打电话，否则今天上午就一事无成了。小楠终于拨通了王总的电话，可是就在电话铃响的时候，小楠的心里还在想："如果王总不喜欢我该怎么办？如果王总不愿意与我见面又该怎么办……"就在小楠暗自揣测的时候，王总接听了电话。

小楠急忙介绍自己："王总，您好，我是……我是××公司的销售员，我叫……张小楠，今天给您打电话主要是想介绍一下我们公司的产品……"断断续续介绍完产品后，小楠出了一身汗。

听完介绍，王总表示："现在已经有好几家厂商与我们联系了，而且我们已经与其中的几家进行过一些合作，所以我们不打算再花费精力与其他厂商谈这件事了。"

王总说完之后，小楠心里又是一阵慌乱，她此刻早已将自己准备好的应对方案忘得一干二净！结果，与王总的第一次交流就在草草的几句话之后结束了，毫无疑问，销售也以失败告终！

据统计，怕见客户是销售失利最主要的原因。有数据显示，房地产销售人员因对拜访客户有恐惧感，平均每年损失4475～19162美元不等；有80%的新销售人员因自己不够勇敢，对拜访客户心有恐惧无法继续从事销售工作，有40%的老销售人员因此而销售失利。

正是因为害怕会带来巨大危害，所以那些销售大咖才说——不害怕，是销售新人的"第一天赋"。他们见过太多人的离开和失败；他们深深地知道：在销售过程中，真正导致一个销售人员销售失败的，既不是产品的价格，也不是宏观的经济萧条，更不是强劲的竞争对手或者那些不友善的客户，而是销售人员在销售过程中的害怕心理。

作为销售人员，想要在销售行业成功，不被淘汰，至少你现在是不甘离开的，那么就一定要有"亮剑"的勇气，要尝试着去改变。在获得方法之前，你一定要有这样的战斗欲和获取胜利的决心。

做"心之所望，无惧无畏"的勇者

如果你对见客户感到恐惧，那么你在面对他们时就可能失去自信。也许，你觉得与你会面的客户在很多方面都要比你优秀——对方最少也是部门主管，而你只是一个一无所有、漂泊异乡的业务员；你没有渊博的知识、精湛的技艺，更没有深厚的背景，对方从你这里得不到任何帮助，而你却迫切地需要从对方那里拿到订单……

因为这种"对方太重要—自己可有可无"的对比，你开始担心自己的其他不足。例如，你担心对方会觉得你不够高、套装品质不太好，会注意到你的普通话不标准……你担心对方会将你想打的算盘全部都想到了……于是，你把见面之前的时间都用来从自己身上挑错，还有对结果的担忧上，而不是将精力专注于客户的工作与面对的挑战上。

这时你需要做些什么来唤醒自己的"第一天赋"——无惧无畏。

首先，用"理性的眼睛"看清自己在怕什么。如果恐惧感让你丧失了理性，你便会陷在害怕中并且愈加害怕。举个例子，将一根筷子放到一个装满水的杯子里，你看到的水里的筷子是弯的，但事实上它是直的。事实需要"理性的眼睛"才能看清。

丢掉了理性，你就会被各种各样的因素误导。这些因素给你一个可怕的假象，让你妥协，把你拖入失败的深渊。

心理学家曾经做过这样一个关于烦恼的实验。

一群实验者按照要求把未来一个星期害怕发生的事都写下来，然后投到一个箱子里面。一周以后，实验者从箱子里拿出自己的"恐惧条"开始逐一核对。结果他们发现，自己90%的害怕是没有必要的。然后他们将剩下的10%的恐惧重新投入箱子里。一个星期后，他们再次将箱子打开，再用现实来对照剩余的10%的恐惧，这时他们发现，有些问题已经基本解决了，还有一些问题自己也有信心和能力去解决。

据专家统计，一般人的恐惧有40%是属于过去的，有50%是未来还没有发生的，只有10%的恐惧是属于现在的，而这10%中有九成是不会发生的，有一成是轻而易举就可以应付的。由此可见，事情或人并不是那么恐怖，而是自己把对方想得太恐怖了。

理性地分析一下，做销售最严重的后果是什么呢？客户会不会直接暴打你一顿呢？会不会直接骂你？会不会送你去监狱……最严重的后果就是不成交而已，所以还有什么好怕的呢？

另一方面，你必须发现自己对对方的价值，从而让自己回到与对方平等的地位上来。

你可以站在客户的角度去思考问题，想一下即将要见的那位经历的日常生活——他可能扮演着多种人生角色，承担着各种沉重的责任，每天要在办公桌前工作十几个小时，始终都处在一种紧张的状态中。而你的产品、服务或许正能够帮对方改善这种状况。遗憾的是，他不知道你的产品，或者并不了解产品对他的意义和价值……是的，他需要一位优秀的业务员引导他去尝试、去认可、去改变……所以，他是需要你的，他的生活会因你而变得更好。

想要发挥出你对对方更大的价值，你就需要好好准备一下。例如，充分准备好所需的资料，把联系人名单、公司情况等都准备好。还要准备好你要说的内容——见面第一句话跟客户说什么、客户会有什么疑问、你该如何回答这些疑问、如果客户拒绝你该怎么办等。

这些准备工作能让你更理性地思考，从而避免陷入情绪的"迷雾"中。更重要的是，这的确提升了你的销售表现，至少能让你说得更加流畅，将产品介绍得更加完美。

①早中晚各照一遍镜子，整理自己的仪容，以对自己的仪表放心，给客户留下良好的第一印象，给自己一个肯定。

②人无完人，自己在销售方面肯定存在着许多不足，要适时地忽略自己的缺陷，想着自己出色的地方，不要总把自己的缺陷放在心上。

③在为客户介绍产品时遭到了拒绝，或许你认为这是尴尬的状况，但是别人并没有注意到，因此自己也无须过于在意。

④遇到蛮不讲理的客户时，不要总是埋怨、批评客户。总是指责别人是缺乏自信的一种表现。

⑤沉默是金，不要急于表现自己。多数人喜欢的是听众。因此，当客户讲话的时候，不要急着用机智、幽默的插话来赢得客户的好感。你只要当个合格的倾听者，这样会给客户留下深刻的印象。

⑥"知之为知之，不知为不知。"不懂装懂不但不能保全形象，还会让人觉得你不够诚实可靠。别人取得了成就，要给予赞赏，而不要装成没看到，羡慕就说羡慕。例如，当自己的同事获得公司的销售冠军时，要给予赞赏，可以向同事请教一下他的销售技巧，来弥补自己的不足。

⑦为自己找一个能够在任何情况下陪伴你的朋友，这样，在销售职场上遭受失败的时候，有一个可以陪伴、安慰你的人，帮你重拾自信心。

⑧在去见客户的路上将走路的速度加快25%。心理学家通过长期观察发现，昂首挺胸、适当加快速度行走能让人的心理

状态变得积极、自信。

⑨ 经常当众发言。多发言是培养信心的"维生素"，能够帮助你强化自信心。比如：在做销售报告的时候，应该主动利用这个机会来锻炼自己。

⑩ 不要让自己处于不利的地位。因为别人的同情也会打击你的自信心。比如：当自己一个月零业绩的时候，别人会用同情的眼光看你，这样你的自信心将在一次受到挫伤。

当你把这些变成了本能的心理应激机制时，恐惧就难以在你的内心攻城略地了，而你也正式成长为"心之所望，无惧无畏"的勇者。

自信的人更容易获得成功

乔治·杜德利是专门从事拜访客户心理学研究的专家。在他专门针对销售工作人群的调查中，他发现，在工作一年内没有任何业绩的销售员中，有超过80%的人在发展潜在客户的过程中畏首畏尾，不够自信。

在销售活动中，想拓宽业务范围，扩大自己的业务量，有许多方法，其中最关键的一个就是通过现有客户去结交新客户，从而形成一个无限的客户网络。也就是说，要想获得更多的客户资源，就要自信地为客户销售自己的产品，不畏惧客户的拒绝和冷漠。

如果销售人员带着恐惧的心态向客户销售自己的产品，那么就无法将自己的产品描述到位，更加无法通过自己的才能和魅力来征服客户。可以说，在销售过程中，销售人员能否保持自信，决定了销售的结果。

销售员张丽总是很自信地出现在客户的面前，以最佳的状态投入销售工作中去，她每个月的销售业绩都遥遥领先。其实并不是张丽的销售方案比别人的都好，而是她自信的状态得到了客户的认可，客户很相信她的这个方案。

自信是让一个人魅力四射的法宝。遗憾的是，生活中有很多的失意、挫折，都有可能摧毁人的自信。因此，销售人员需要把对自信的培养融入生活的细节中，让它一直"成长"，从而为你的成功销售添加筹码。英国心理学家克列尔·拉依涅尔就如何培养自信，给出了10条建议。

①　早中晚各照一遍镜子，整理自己的仪容，以对自己的仪表放心，给客户留下一个良好的第一印象，给自己一个肯定。

②　人无完人，自己在做销售方面肯定存在着许多不足，要适时地忽略自己的缺陷。想着自己出色的地方，不要总把自己的缺陷放在心上。

③　在为客户介绍产品时遭到了拒绝，或许你认为这是窘态的状况，但是别人并没有注意到，因此自己也无须过于在意。

④　在遇到蛮不讲理的客户时，不要总是埋怨、批评客户。总是指责别人是缺乏自信的表现。

⑤　学会沉默是金，不急于表现自己。多数人喜欢的是听众。因此，当客户在讲话的时候，不要急着用机智幽默的插话来赢得客户的好感。你只要当个合格的倾听者，这样会给客户留下深刻的印象。

⑥　"知之为知之，不知为不知。"不懂装懂不但不能保全形象，还会让人觉得你不够诚实可靠。别人取得了成就，要给以赞赏，而不要装成没看到，羡慕就说羡慕。例如：当自己的同事获得公司的销售冠军时，要给予赞赏，可以向同事请教一下他自己的销售技巧，来弥补自己的不足。

⑦　为自己找一个能够在任何情况下陪伴你的朋友，这样，在销售职场上遭受失意的时候，有一个可以陪伴、安慰你的人，帮你重拾自信心。

⑧　再去见客户的路上将走路的速度加快 25%。心理学家通过长期观察发现，昂首挺胸、适当加快速度行走能让人的心理状态变得积极自信。

⑨　经常当众发言。多发言是信心的"维生素"，能够帮助我们强化和巩固自信心。比如：在做销售报告的时候，应该主动申请这个机会，来锻炼自己。

⑩　不要让自己处于不利的地位。因为别人的同情也会打击

你的自信心。比如：自己一个月零业绩的时候，别人会用同情的眼光看你，这样你的自信心将再一次受到挫败。

销售员要想销售出自己的产品，就必须拿出自己最好的状态，尽自己所能最大限度地赢得周围人的认可。要想成为销售行业的常胜将军，就要在建立自信方面努力，让自己拥有一颗自信、勇敢的心。

豁达的人生不烦恼

销售人员每天都要面对销售任务的压力、客户拒绝的挫败感、销售失败的沮丧等一系列的消极情绪。销售人员常被压力、挫败感击垮，进而使销售之路举步维艰。销售人员怎样才能"翻身"呢？怎样才能扭转这样的销售困境呢？这就需要销售人员具备一定的钝感。拥有了钝感才能够成为快乐而成功的销售人员。

所谓"豁达"就是迟钝。你或许会认为，在发展如此迅速的时代，迟钝怎么可能会让销售人员变得快乐而成功呢？事实上，优秀的销售人员都拥有钝感。那么，钝感究竟有什么样的作用呢？具体来说，有以下三个方面。

① 豁达能够帮助销售人员排除销售中的干扰因素。

在销售过程中，销售人员会碰到各种各样的客户，其中不乏天生大嗓门和"凶神恶煞"的客户。敏感的人会觉得他们是针对自己的，从而心生胆怯，其后的销售也就有了负担，不能顺利进行；而豁达可以帮助销售人员不受这些负面因素的影响，令其专注地进行自己的销售工作。

美玲是一家文化用品公司的销售人员。她认识的一位客户既有经济实力，买东西也很爽快，但是，这位客户脾气很暴躁，只要销售人员有一点做得不好的地方，他就会严厉地进行指责，尤其是和自己熟识的销售人员，指责起来更加厉害。这令很多销售人员都对他退避三舍，都很怕和他有业务接触。

但是，美玲却愿意与之接触，她每次和他接触的时候，都会迟钝得像完全感觉不到客户的呵斥。她只专注于让客户购买产品，只专注于观察客户的需求、解决客户的疑虑，对其余的"杂音"充耳不闻。整个交流过程中，美玲的心情完全不会受到客户态度的不良影响。靠着钝感的帮助，美玲每次都能向这位客户销售不少产品。

可见，拥有一颗豁达的心的确能够帮助销售人员避免受到一些客户的不良影响，也能够帮助销售人员提升销售业绩。

②豁达还能帮助销售人员减弱挫折感，并帮助其尽快走出困境。

一个不具有豁达心态的人是很难从挫折中走出去的。当失败已成定局时，敏锐的人潜意识里会牢牢记住这种痛苦，不断地在这上面纠缠，难以像从未失败过的人那样去大胆尝试、实践，变得总是畏首畏尾的，自然也就很难摆脱挫折。而豁达却可以直接将失败的伤害挡在"心门"之外，使人依旧能积极进取、大胆尝试，从而很快走出困境。在这方面，身为寿险销售员的刘女士就做得非常好。

刘女士一直从事着寿险销售工作，她每天都会被许多客户拒绝，客户的难听话也听了许多。有的客户一听她是卖保险的，就会愤愤地叫嚷："你们卖保险的都是骗子，骗我们把钱拿出去，等我们真需要你们理赔的时候，你们又找各种理由来推脱干系。"有的客户还会说："走，走，走……最讨厌你们这些卖保险的！"幸好刘女士有颗豁达的心，她并没有像其他许多销售人员一样对客户产生恐惧感、怨恨感或者排斥感，而是豁达地再去开发新的客户。她说："客户的态度不好是因为不了解，让他了解了，就不存在这种问题了。"

可见，豁达的销售员往往能够消除内心的挫败感，能够迅速地从销售困境中走出来，而不会任由其摆布，难以自拔。

③ 豁达还是负面情绪的最佳"消化器"，能够使销售人员远离亚健康。

在每天的生活中，销售人员常会被客户拒绝，被上司责骂，被同事抱怨，这些都是让人很苦恼的事情。但是只要有了豁达的心，你就能够充耳不闻，马上把它们抛到脑后了；即使面对非常事件，你也能够始终保持开朗、放松的心态，冷静、理智、从容地解决问题。这样的"大将之风"都要归功于豁达的心态，因为对任何事情看得很开，所以不会对负面情绪过于在意，自然也就容易让负面情绪烟消云散了。

不可否认，与其他行业的工作人员相比，销售人员每天都面对着巨大的压力。但是，有了"豁达"为销售人员护航，还有什么好担心的呢？学会对伤害自己的负面事件"听而不闻，视而不见"，让自己具备"无入而不自得"的钝感，是销售人员在销售这条道路上走得长久的必备"神器"。

做销售就得有闯劲儿

没有一点"闯"的精神，没有一点"冒"的精神，没有一股子气呀、劲呀，就走不出一条好路，走不出一条新路，就干不出一番事业。

南京有一个"芦蒿大王"张志平，当地几乎所有的人都知道他。他的成功就离不开那一股子"逢山开路，遇水架桥"的闯劲儿。当脚下的路走不通的时候，就得到新的路上闯一闯，不管那条路是否有人走过。

南京八卦洲的芦蒿一直美名远播。然而，当地那些种植芦蒿的百姓却因芦蒿而发愁，因为芦蒿的价格很低，每斤只能卖1～2元，即使这样，也没有多少人买。了解到这些情况后，张志平敏感地意识这反而是一个赚钱的好机会，通过了解市场情况，他决定将这种蔬菜引入高档的餐饮业，于是就做起了精包装芦蒿的生意。

要打入高档餐饮业中，当然就必须要有营养，于是张志平特意请南京农业大学食品科技学院的专家们对芦蒿进行了测试，不久专家们给出了专业论断：芦蒿茎、根、叶中都含有丰富的维生素、氨基酸，以及多种对人体有益的矿物质，是一种营养丰富的健康绿色食品。有了这些证明，张志平就开始信心十足地收购芦蒿，接着加工并精包装，然后通过自己的销售渠道销往各大宾馆、酒店。就这样，"芦蒿热"在各主要城市中兴起，什么香干炒芦蒿、臭干炒芦蒿等都成了叫卖的应时新鲜菜目。

这次投资给张志平带来了不少财富。然而，随着越来越多的人将芦蒿卖进宾馆、酒店，芦蒿的价格从每斤 2 元下跌至每斤 1 角，于是，张志平的芦蒿生意陷入了持续亏损中，当亏损额达到 50 万元临界点时，他几乎对芦蒿已经不抱任何希望了。

就在张志平准备放弃芦蒿的时候，一个意外却让他找到了新出路。一次，张志平走路时不小心被一根风干的芦蒿绊了一下，险些摔倒。看到风干的芦蒿，张志平突然想到，新鲜的芦蒿由于不需要什么工艺来制作，因此竞争就大，然而，如果能通过特殊工艺将新鲜的芦蒿加工成芦蒿干，这样，产品既不会受到时令的限制，又保持了营养，无论是煮着吃、炒着吃、还是煲汤都别有风味。

经过一段时间的推广，张志平的芦蒿干不仅在国内市场上供不应求，而且远销至美国、韩国、日本等国家。

张志平的闯劲儿成就了他的成功。敢为人先，勇于创新，有了那一股子"天不怕地不怕""杀出一条血路"的闯劲儿，才敢选择别人没有的商品，才敢于去开拓新的市场领域，才敢于用一些少有人用的技巧……而这些往往会带来意想不到的惊喜。

19 世纪中叶，美国加利福尼亚州传来了发现金矿的消息。许多人认为这是千载难逢的机会，为了发一笔财，人们纷纷奔赴加利福尼亚州。16 岁的小农夫比尔也加入了这支庞大的淘金队伍。

淘金梦是美丽的，但是做这种梦的人太多了，并且还有一些人在源源不断地奔向加利福尼亚州，一时间加利福尼亚州遍地都是淘金者，如此一来，金子自然就更难淘了。

关键还不是金子难淘，更重要的是生活也越来越艰苦了。由于当地气候干燥，水源奇缺，一些淘金者不但没有圆致富梦，反而葬身异乡。

比尔在经过一番努力后，也和大多数人一样，没有发现黄金，几乎要被饥渴折磨至死。一天，望着自己水袋中那一点点水却舍不得喝，听着周围人因为缺水而抱怨，比尔突然想到：淘金的希望实在是太渺茫了，还不如卖水呢。

于是比尔毅然放弃了挖金矿，把手中挖金矿的工具变成挖水渠的工具，他从远方把河水引入水池，然后用细纱过滤，将河水变成清凉可口的饮用水，最后用水桶挑到山谷一壶一壶地卖给那些淘金的人。

当时还有人嘲笑比尔，说他胸无大志："千里迢迢来到这里，不挖金子发大财，却做起这种蝇头小利的买卖。"

比尔毫不在意，也丝毫不为所动，依然卖他的水。

结果是，淘金者几乎空手而归，比尔却在很短的时间内靠卖水赚到了几千美元，这在当时可是一笔相当可观的财富。

在比尔获得成功之前，你会不会觉得比尔真是一个横冲直撞又不听劝的"傻瓜"呢？直到见证了他的成功，你才恍然大悟，比尔敢闯敢拼，却不是胡冲乱撞，他的探索很有"章法"——比尔通过市场的供求关系，果断选择了没有人卖的商品，这才取得了成功。同样，作为销售员，你的"闯"也一定要合乎市场和客户的需求。

在漫漫十年的时间里，以营养、柔顺、去屑为代表的宝洁"三剑客"潘婷、飘柔、海飞丝几乎垄断了中国洗发水市场的绝对份额。想在洗发水领域有所发展的企业无不被这三座大山压得喘不过气来，无不生存在宝洁的阴影里难以重见天日。后来的"舒蕾""风影""夏士莲""力士""花香"等等更让诸多的洗发水品牌难以突破。采乐"出山"之际，国内去屑洗发水市场已相当成熟，从产品的诉求点看，似乎已无缝隙可钻。而西安杨森生产的采乐去头屑特效药，上市之初便顺利切入市场，销售量不断上升。

采乐的突破口便是治病。它的成功主要来自于产品创意，把洗发水当药来卖，同时，基于此的别出心裁的营销渠道"各大药店有售"也是功不可没。

去头屑特效药，在药品行业里找不到强大的竞争对手，在洗发水的领域里更是如入无人之境！采乐找到了一个极好的市场空白地带，并以独特的产品品质，成功地占领了市场。

"头屑是由头皮上的真菌过度繁殖引起的，清除头屑应杀灭真菌；普通洗发只能洗掉头发上头屑，我们的方法是杀灭头发上的真菌，使用 8 次，针对根本。"

采乐以独特的产品功能性诉求，从实际出发，有力地抓住了目标消费者的心理需求，使消费者要解决头屑根本时，忘记了去屑洗发水，想起了"采乐"。并且，采乐绕过了传统洗发水的路径，从药品角度出发，寻找一条新出路，给消费者一种新的选择，让消费者对采乐青睐有加。

在销售遇到瓶颈时，在不景气的大环境中，静下心来选一条合乎市场的新路子闯一闯，以蹄疾而步稳的节奏一马当先，我们就必定能打开新境界、闯出新天地。

梦想一定要有，但别是白日梦

哈佛大学曾经对一届即将毕业的大学生做过一次关于人生梦想的调查。前提是这些学生当时的智力、学历、环境条件都相差无几。调查结果是这样的：

27%的人，从未有过梦想的；

60%的人，有梦想，但说不清楚具体是什么；

10%的人，有梦想，但总是换来换去；

3%的人，坚守梦想，且一直在为此努力奋斗。

25年后，哈佛又对这批人进行了调查，结果是这样的：

3%一直为梦想努力奋斗的人，几乎全部成为社会各个领域的成功人士，其中不乏行业领袖、社会精英；

10%总是不断地变换着梦想的人，虽然时常改变自己努力的方向，但也成了各个领域中的专业人士，大都处于社会的中上层；

60%梦想又空又大，不明确的人，他们的生活和工作都非常安稳，只是都没有什么突出成就，几乎都处于社会的中下层；

剩下的那27%从未有过梦想的人，他们没有生活目标，过得很不如意；为此，他们总是在无休止地抱怨，抱怨上帝、抱怨别人、抱怨社会，抱怨这个"根本不肯给他们机会"的世界。

为什么梦想对成功与否有这么大的影响呢？心理学家认为，人做事情如果事先定一个指标，能给心理造成一定的压力，这个心理压力可以激发人的潜力，促使人为了实现这个梦想而做出各种努力和尝试。而且，明确的梦想为人们指明了努力的方向，提升了行动的效能。

作为销售人员，或许你的梦想有些平常、微小，但它同样会带给你无法想象的力量。尤其是当你把梦想定得比你认为自己能够实现的略高一些时，你会更加努力。

换言之，竖在你面前的栏越高，你若想要跨越它，那么你势必会跳得越高。在销售过程中，那些以难缠著称的、本以为难以攻克的客户往往能够稳妥地拿下，而那些一开始认为能够轻松赢得的客户却溜走了；一个看似不可能完成的高额销售任务往往能使你的业绩再创新高，而一个和你能力相符的销售任务反而完成得不尽如人意。一个销售员的销售业绩在很大程度上取决于他在销售中遇到的困难的程度，越是困难，对他的帮助就越大。

美国著名心理学家詹姆斯通过各种研究证实：人在没有受逼迫和激励的情况下，最多只能发挥自身能力的20%~30%；当受到某种逼迫和激励时，其能力的发挥率可以提高到80%~90%。因此，许多成功人士即使身处顺境之中也主动切断自己的退路，以这种方式来激励自己，刺激自己去获得更大的成功。

身处绝境或没有退路时，人最容易产生强大的爆发力，进而激发自己的潜能，取得非凡的成就。绝境使人常怀必胜的决心，能够最大限度地激发人的潜能，唤醒心中沉睡的巨人。因此，为了使自己的销售工作打开全新的局面，作为销售人员，一方面要主动给自己设一个"绝境"，适当地逼迫自己；另一方面，可以为自己设立一个超出自己能力范围的梦想，并为之奋斗，通过绝境的力量和目标的吸引力，让自己去努力、去追求成功。

其实，销售的报酬首先取决于销售人员的个人目标，其次才取决于个人的能力和努力程度。每一个成功的销售人员都是以一个明确的目标为导向的。一个没有明确目标导向的销售人员就如同一艘迷失在大海之中、没有舵的船，无法越过汪洋、取得成功。没有目标就容易产生惰性，即使仍然勤恳工作着，也容易多做许多无效率的事情。所以，没有目标的销售人员是很难拥有傲人业绩也很难获得成功的。

刘琦是某保健品公司的销售人员，从到公司的第一天起，他就给自己定下了一定要成为公司销售冠军的目标，在这个总目标的大前提下，他又给自己定下了每天拜访 5 个老客户、开发 10 个新客户的目标，并且他每天都会把自己对目标的实现情况写在工作日志里，不断地总结经验、完善自我。一年后，他成了这家公司的销售冠军，获得了丰厚的经济收入。此后，他又给自己定下了成为行业销售冠军的目标。目前，他正每天充满干劲儿地努力着。

销售人员有了梦想，就更容易获取整个职业生涯的成功。而当销售人员将梦想细化成一年的业绩目标、一月的销售额、每天拜访客户的数量时，"我要成为有钱人""真希望自己能出席百万圆桌会议"……这些看不见、摸不着的梦想就变得面目清晰了。也就是说，销售人员成功的第一步就是为自己设立职业目标，通过管理目标来管理自己的日常工作。具体地说，以下这些方法非常值得借鉴。

①阶梯法：将目标细化为若干个阶梯，并且使用明确的语言对不同阶梯的内容进行描述，这样每一个人在不同时间、不同空间时都能明确自己的现实位置，以及下一个目标的状态，一个一个逐级向上迈进，最终实现总的目标。比如："确定 25 位意向客户"就是"每周拜访 50 位客户"的下一阶目标。只要一阶一阶去攀登，再高的地方也能上得去。

②枝权法：树干代表大目标，比如：成为一个顶级销售员，这就是树干，是大目标；为了达到这个目标，你需要在两年之

内成为公司的销售冠军，那么这就是树枝，是小目标；为了当上销售冠军，你决定每天至少拜访 10 个客户，这就是叶子，是即时的目标。

③ 剥笋法：设定目标是由将来到现在、由大目标到小目标、由高级到低级层层分解的。然而实现目标的过程则是相反的，是由现在到将来，从低级到高级，由小目标到大目标，一步一步前进的。

当然，在实现目标的过程中，不可能一帆风顺，有时也要经历磨难。然而，无论遇到多少打击，都不能气馁，要坚持到底，唯有这样才能实现目标，成为真正成功的销售人员。

没有跨越不了的高山，没有实现不了的梦想

失败时，你总会开始怀疑自己：我不行的、我不适合做这个工作的，我太内向了，我不会讲话……矛盾、纠结，不知道应该何去何从？如果任由这种心理发展，下一秒你一定会彻底抛弃销售，也放弃了自己的梦想。现实中，几乎每一个"一日销售员"（只干了一天销售就放弃）都是在自我否定和质疑中离开的。

因此，在正式成为销售人员之前一定要坚定信念——相信自己能够做好销售工作。即使面对亲友的质疑、否定，面对客户的拒绝，面对很长一段时间的零业绩……你也要相信：没有跨越不了的高山，没有实现不了的梦想。

无论什么事情，只要自己愿意去尝试，愿意去付出，就一定有办法，当然最后也一定会成功的。这才是事实，而所有的"不适合""办不到"都只是负面心理引诱你走向失败的借口。

克服一切困难、获取成功的信念是销售人员行动的动力，使销售人员不无谓地为明天而担忧，不因失败而悲伤，不为不知该何去何从而焦虑，不因失去而痛苦……销售人员只要拥有了坚定的信念，就一定能一直走下去，不断努力，进而获得成功。

于女士今年52岁，东北人，是典型的家庭主妇。2006年末，于女士与老伴一起从东北来到天津，和儿子、儿媳共度春节。春节后，老两口没有马上回去，但是因为一向忙惯了，一下子闲下来，于女士觉得很无聊。一次，见在天津通用卓业科技有

限公司做"商务快车"销售工作的儿媳出门拜访客户，也想跟去散散心，因为没有什么不方便的，儿媳爽快地答应了。

在儿媳向客户销售"商务快车"产品的过程中，于女士在一旁听得津津有味，特别是看到客户签单的那一刻，更是觉得销售实在是非常有意思的事情。就这样，于女士对销售产生了极大的兴趣，并且在儿媳的带动下，也干起了"商务快车"的销售工作。

然而，已经52岁的于女士对电脑知识、产品知识，以及如何与人沟通等，都完全不懂。当她第一次向人销售的时候，由于缺乏这些专业知识，她甚至遭到了客户的耻笑。客户说："你都不知道这个产品是怎么回事，还想让我购买它？你这样是不是太过儿戏了？"面对客户的打击，于女士并没有气馁，而是开始积极参与公司的各种培训学习，只要碰到不懂的问题，她也一定向讲师请教。儿媳更是成了她追问的对象。儿媳曾很无奈地说："您干销售的那个执着劲儿，连我都自愧不如。"

经过几个月的学习，于女士感觉自己对产品的相关知识都有了相当的了解，于是，她再一次尝试着去拜访客户。然而，她还是屡屡遭到客户的拒绝，好多次她甚至还没有开口说什么，客户就已经以有事为由拒绝了她。她百思不得其解，但是她始终相信，自己一定能够成功，能够成为一个像儿媳一样优秀的销售人员。后来，一位客户的话点醒了她，客户说："大姐，你这样的形象很难让人对你的产品有信心。"于女士这才意识到自己是形象不够专业。此后，她每次拜访客户的时候，都会很注意自己的形象。儿媳经常开玩笑地说："妈，您现在看起来比我还像职业销售人了。"

经历了许多拒绝、跨越了重重困难，靠着坚信自己能行的信念，于女士没有放弃这份工作。她不断地总结经验、吸取教训，完善自我。终于，在她从事销售8个月后，她有了自己的第一个客户，成功地签下了第一个单子，开始了自己的成功之路。

到 2008 年的时候，于女士成了公司的销售冠军，拥有过百万的年收入。坚定的信念使得于女士从家庭主妇蜕变成了销售精英。

对销售人员来说，信念是至关重要的。坚定的信念会使沿路的坎坷、风雨都显得微不足道。信念越坚定，销售中遭遇的阻力就会越小。

不卑不亢，我心从容

虽然这是个"客户就是上帝"的买方市场时代，但这并不等于销售人员就比客户低一等，并不等于你要一味地迁就、忍让客户。面对客户，提供体贴而周到的服务是应该的，但同样也要坚持自己认为应该坚持的事。

不卑不亢，我心从容，才能征服客户的心。

某家保险公司股东之一的赵丽在回忆她的成功经历时说，她卖出的数额最大的一张保险单并不是在她具备了丰富的经验以后，也不是在觥筹交错中谈成的，而是在她第一次出去做销售的时候。

她第一次销售去了一家很大的电子合资企业。面对这样的企业，赵丽有些敬畏，不太敢进去。犹豫良久，她还是进去了，当时整个楼层只有一个外方经理在。

"你找谁？"那个经理的声音非常冷漠。

"是这样的，我是保险公司的一名业务员，这是我的名片。"赵丽把名片双手递给对方，心里着实有些发虚。在学校的时候她跟老外打过很多交道，可面前这个老外是个老板，并且还是位年轻的老板，感觉有些不同。

"销售保险吗？今天你是第三个了，谢谢你，也许我会考虑一下，不过我现在很忙。"老外的话很直白，没有任何感情色彩。

赵丽本来也没有指望能在那天把保险卖出去，因此她说了声"sorry"，就毫不犹豫地离开了。若不是走到楼梯拐角处时她下意识地回头看了一眼，也许她就这样走了，后来也不会有什么事发生。

赵丽回头看了一下，发现那个老外把她的名片一撕，随即扔到了废纸篓里，她感到十分生气。

于是她转过身来，用英语对那个老外说："先生，对不起，如果现在您并不考虑购买保险的话，请问我可以拿回我的名片吗？"

老外的眼中闪过一丝惊奇，但他很快平静下来，耸耸肩问她："why？"

"没有什么特别的理由，那上面印着我的名字和职业，所以我想要回来。"

"不好意思，小姐，我不小心在你的名片上洒上了墨水，所以不适合还给你。"

"就算真的是洒上了墨水，也请您把它还给我好吗？"赵丽看了一眼废纸篓说。

片刻之后，老外似乎有了个好主意："请问你们印一张名片需要花费多少成本？"

"5角钱，您问这个干什么呢？"赵丽感觉有点奇怪。

他掏出钱包，在里面找了一会儿，然后拿出一个1元的硬币说："小姐，真的很抱歉，我现在没有5角的零钱，这1元钱算是我赔偿你的名片，这样行吗？"

赵丽想告诉那个老外她一点儿也不稀罕他的钱，告诉他：她是保险销售员，并不是乞丐。

她十分有礼貌地接过了那枚1元的硬币，接着又从包里拿出一张名片给他："先生，很抱歉，我也没有5角的零钱，这张名片就当成是我找给您的钱，请您看清楚我的职业和我的名字。这不是一个应该扔进废纸篓的职业，也并不是一个适合扔进废纸篓的名字。"

讲完这些话，她便头也不回地离开了。

令人没想到的是，就在第二天，赵丽接到了那个外方经理打来的电话，他告诉赵丽说他打算在她这里为全体职工购买保险。

面对客户，要不卑不亢，既不因对方的轻视而怨恨或自卑，也不因对方的看重而得意忘形。对方也许正是因为你的正直才会对你产生好感，从而为你销售产品提供帮助。

别让自己败给了心态

欧先生虽然刚刚 30 岁出头，但已经是某大型公司的销售部经理了，在众人眼里可谓是年轻有为，前途一片光明。然而，不久前，由于公司成立新的分公司，因此总经理打算将欧先生调到新成立的分公司任主管。总经理对他说："分公司刚刚成立，很需要像你这样有经验的销售精英，公司希望你能够在分公司创造出更好的成绩，为公司带来更多的效益。"

本来平常的人事调动，在欧先生看来却是晴天霹雳。欧先生认为，自己在总公司刚有一些作为，公司却要调自己到一个全新的环境中去从头开始，一定是自己不小心得罪了什么人，或者自己工作上存在某方面的不足，也有可能是领导有意为难自己……就这样，欧先生带着无奈、焦虑、不安、沮丧去了分公司，由于心态不好，不但人憔悴了许多，业绩也大不如前。

欧先生因为工作上的一个小波动就输掉了心态，从而导致了失败。

输掉了心态的人是不可能取得成功的。之所以这样说，有以下几个原因。

① 输掉了心态的人容易丧失机会：一到关键时刻，消极心态便会出来故布疑云，即使机会出现，也看不清、抓不到。

② 输掉了心态的人常常心怀绝望：消极心态者遇事稍有不顺就开始怨天尤人、自怨自艾，为自己找借口、推卸责任。他们会因丧失责任感而摧毁自信心，使希望破灭。没有希望就没

有努力的动力，不努力又何谈获得成功呢？

③消极心态会限制潜能的发挥：消极心态者想到的多是自己最坏的一面，他们不相信自己可以成功，也就不会去争取。他们不敢"奢求"，这成为阻碍自己潜能发挥的最大敌人。

④消极心态会消耗掉人90%的精力：消极的情绪容易恶性循环、变本加厉，让人陷入抑郁、焦虑或自卑中，使消极心态者日复一日地在消极的境遇中挣扎。

⑤失道寡助：没有人会喜欢消极心态者，成功的路上缺少了他人（尤其是成功人士）的支持和帮助，成功就变成奢望。

⑥输掉了心态的人不可能充分享受人生：如果将人生比作航程，那么消极心态者就是严重晕船者。一路上，他们的感觉都是失望、恶心、晕头转向、不辨东西。在这样的状态下，是无力操控航向的，自然谈不上成功抵达目的地，更谈不上充分享受航程中的美好风光。

作为销售人员，每天都会碰到各种各样的客户：对你微笑的，对你不理不睬的，对你嗤之以鼻的，对你发脾气的……那么，你又会回以怎样的情绪反应呢？当客户对你说"有完没完？跟你说过多少次了，我不买"时，你是否会产生抱怨？当客户对你说"我不管你，我必须要退货，不然我就不走了"时，你是否会愤怒？当客户对产品百般挑剔时，你是否会不耐烦……无疑，如果你对客户抱怨、发脾气，产生厌烦等，那么你就会失去客户，进而断送自己的前程。要知道，客户不是你的下属，他们不会主动配合你，更不会包容你的坏脾气。

因此，要想赢得客户，取得好的业绩，获得成功，就一定要在与客户的接触过程中始终保持良好的情绪，控制住自己的坏脾气，摆脱消极情绪的困扰。为此，心理专家提供了一些方法，不妨试试。

①转移：有意识地将精力和注意力从你刚刚销售失败的事

情上移开，转到其他事物上，以缓解情绪。例如，看看喜剧电影、听听音乐、下下棋、散散步等。

②宣泄：销售职场中，"不如意之事十之八九"，为这些不如意的事所影响，人难免会产生这样或那样的不良情绪，如果听之任之，等它积蓄到一定程度的时候，就会如洪水泛滥，一发不可收拾。不要等到消极情绪已经发展壮大了再去跟它战斗，要发现一个、消灭一个。你可以大哭或者大叫，也可以向亲友诉说一下你在销售工作中遇到的困难，把你想到的方式都尝试一下，来缓解内心的压力。

③自我安慰：当一件事情已成定局、不可改变的时候，不妨找一个冠冕堂皇的理由来进行自我安慰。比如：虽然自己的销售工作发生了变动，但"既来之，则安之"，人生不是一战定输赢，笑到最后的才是赢家。

④自我调节：销售员要明确自己最终的目的是什么，要有人生大局观，提醒自己为了实现大目标和总任务，不要为眼前的销售烦琐之事所干扰，不能为消极情绪所影响，从而自乱阵脚。

⑤自我暗示：如果预感到自己在某些场合下可能会产生某种消极情绪，就先为自己寻找几条不应产生这种情绪的有力理由。例如：在与客户交谈的过程中，客户流露出了不满的言行，这时要反复轻声地鼓励自己，例如："冷静！""我可以！""我一定可以！"等类似的话，以压制自己内心不安的情绪。

⑥愉快记忆法：回忆过去生活中让你高兴的事，或你以前销售获得成功时的心情，在追忆过往中，寻回积极心态。

⑦环境转换：当自己的销售事业处在低谷时期时，可以换一个环境，例如：来一次旅行，让自己从消极的事情中抽离出来，给自己换一个全新的形象。

⑧幽默化解：在与客户交谈僵持不下时，用你的幽默去化解尴尬局面。幽默可以让人用有趣的思想、轻松的心态去对待生活，

进而让你的生活充满亮色，让你本来忧郁的心情变得轻松起来。

⑨推理比较：将销售中的困难进行"解剖"，看自己的同事在遇到同样的问题时是怎么做的，在比较中发现问题的症结所在，"攻打"消极情绪。

⑩压抑转移：不受重用、身处逆境、被人瞧不起、感到苦闷时，要化悲痛为力量，把精力投入你的销售事业中。而当你全身心投入，又对这个销售事业非常感兴趣的时候，成功的可能性是非常大的。一旦你取得了成功，你的处境，你的心境都会发生改变。

认识生活，保持积极的态度。"人有悲欢离合，月有阴晴圆缺。"确实，没有悲伤就没有欢乐，没有月缺就没有月圆，调整好自己的心态，用积极的心态面对和欣赏事物，人生总能柳暗花明又一村。

第二章
要想钓到鱼，先要知道鱼是怎么想的

一个专业的销售人员，想提高自己的销售业绩，就必须学会站在客户的角度想问题，像客户那样去思考。站在客户的角度去思考，那些纠缠着你的"为什么"就都有了答案，那些梗阻在成单途中的障碍也就都能顺利排除。

如果你是客户······

很多时候销售人员在销售的过程中，只是一心介绍自己的产品，谋求最大的利益，而不是保证客户的利益，这样的做法只会给你带来短期内的效益，从长远来看得不到什么好处，还会让你流失很多客户。所以销售人员要尽可能站在客户的立场上想问题，学会换位思考，这样才能双赢。

美国汽车大王曾经说过这样一句话："成功是没有秘诀的，如果非要说有的话，那就是时刻站在对方的立场上。"多为别人着想，多了解别人的想法，这不仅仅有益于你和别人沟通，最重要的是你借此可以知道别人的"要害点"，做到有的放矢。如果你学会时时站在客户的角度上看问题，沟通的顺利程度将会超出你的想象。

乔治钢铁公司总经理想为公司买一栋房子，于是他请来了房产业知名人士莱特。他说："很多年来，我们钢铁公司租住的都是别人的房子，我不希望这样，我希望可以拥有自己的房子。"乔治透过窗户，看着外面说道："这样的景致很美，希望我新买的房子也可以看到，你能帮我吗？"

莱特随后花了大量的时间琢磨乔治的需求。他做过预算，画过图样纸，但却一点头绪都没有。

原本有很多可以考虑的房子，可是乔治都不想要，而最佳的选择就是乔治现在的钢铁公司所在的那栋房子，只有那栋房子可以看见像乔治要求的那样的街景。

于是莱特找到乔治交谈这件事情，却遭到了乔治的拒绝。乔治表示他不想买旧房子，他要的是新房子。当乔治在说这些的时候，莱特只是安静地听着，并没有表示反对。他试图换位思考，发现乔治想要的房子，其实就是他那栋旧房子，只是乔治现在还不知道自己真正想要的是什么。了解这些以后，他开始向乔治提问："当初刚刚创业的时候，你的办公室在哪里呢？"乔治回答："这里。""你的公司在什么地方成立的呢？""也在这里。"之后，莱特什么都不说了，只是看着乔治。没多久，乔治突然笑着说："这所房子才是我想要购买的，是的，它见证了我们的起步和发展，毕竟这是我们公司的发祥地！还有什么地方比它更合适呢？"说完这些，乔治在很短的时间内就完成了购买。

这次销售其实很简单，莱特并没有用华丽的辞藻。其成功的奥妙在于莱特考虑了乔治的需求，站在客户的立场上分析了他想要什么样的房子，再运用适合的方法刺激乔治，使乔治看清楚自己真正想要的。莱特的成功是依靠他设身处地地为乔治着想，站在客户的角度看问题，使乔治明白什么是最适合自己的，从而帮乔治解决了心理矛盾，获得了成功。

总之，要使客户与你合作，你要学会站在客户的立场，掌握客户的真实心理，获得客户的更多信息与需求，这样你才会获得客户的信任，从而成功完成销售。这样一来，你不仅能成功销售出产品，还有可能使其成为你的忠实客户，给你带来更多长远利益。

花钱要花得舒心

"同样是花钱，一定要花得舒心！"如果你是客户，也会这样想吧！

客户花钱不是来找不自在的，如果你让客户心里窝火，就一定没有办法成单。相反，如果你让客户觉得舒心，成单就会水到渠成。

怎么才能让客户花钱花得舒服呢？事实上，这在很大程度上取决于销售人员与客户的沟通。沟通，不是简简单单地对话，需要站在客户的立场上考虑问题，体会客户的喜怒哀乐，避开那些会让客户不开心的行事方式和话题，多提供些能带给客户快乐的服务。

一出现就让客户觉得亲，这需要眼缘，是销售人员的综合素质；一句话就把客户说笑，这需要阅历和技巧……这些都很难在短期之内做到。但最基本的客户，以客户为中心，却是我们能够做到的。

安妮刚刚从学校毕业，一直没有找到工作。一次，她经过一家数码商品店时，看到玻璃上贴着一张招聘广告。安妮近前一看，原来是招聘销售人员的。为了尽快获得收入，安妮决定试一试，不是说"先就业再择业"嘛。

面试过程很简单，安妮第二天就上岗了。经过几天简单培训，安妮站在了数码商品销售点的柜台前。因为正赶上圣诞节促销，所以店里的生意很好。安妮也接待了几个客户，卖出一部数码商品。她很高兴，但没想到，还没高兴完就出了问题。一位客户在买数码商品的时候，对数码商品的性能不是很了解，问了安妮很多问题。因为看数码商品的客户很多，安妮不可能照顾得那么周到。对于客户的问题，安妮回答得很急促，就像是要赶着去约会一样。就这样，摩擦发生了。这个客户大发雷霆，对安妮的服务很不满意，对着安妮大喊大叫。安妮一开始还很耐心地跟他解释，后来也忍不住发起火来。两个人大吵大闹，惊动了店面经理。

最后，安妮不仅失去了成单的机会，也失去了工作。

显然，安妮犯了销售的大忌——敷衍、不尊重客户。站在客户的角度想一想，如果有人敷衍你，忽视你，一副爱搭不理的样子，你会从他那里买东西吗？难道你不会生气？

作为销售人员，一旦开始工作，客户就是你的全世界，是对你来说最重要的人。面对这样的人，你会怎样表现呢？

（1）让客户把话说完后再发表意见

一些缺少经验的销售人员在和客户沟通的时候，一旦客户提出不合理的要求，就立即打断客户的话并进行否定。其实，这是非常不恰当的。这样会让客户觉得你没有耐心，根本不尊重他，进而拒绝购买你的产品。因此，当客户说话的时候，你必须认真地听他把话说完，即使当客户的话说到一半的时候，你就已经知道根本不可能按照他的意思做，也不要打断他，要用心听完。只有这样，客户才能感受到被尊重，那么，即使你接下来委婉地拒绝他，也不会被客户认为是过分的事情。客户会觉得，你也是实在无法让步，也是情有可原的。

（2）即使否定客户，态度也要谦虚

作为销售人员，应该时刻记住尊重客户，在和客户的交流中，要保持谦虚的态度，这样才不会因冒犯到客户的"上帝"心理

而使彼此间的关系恶化，才能进一步与客户进行沟通。

切记，当客户认定并尽力证明自己的正确和你的错误时，否定客户、争辩都是不明智的，你应该用你的服务征服客户。"精诚所至，金石为开"，只要你能采用恰当的应对方法，就没有不可沟通的客户。

①微笑：微笑是世界上最神奇的东西。对客户保持微笑吧，微笑不仅能调节自己的心态，还能引起客户的好感。当然，也要把握微笑的时机，对自己的情绪要控制自如、收放有度。

②注视：眼睛是心灵的窗户，当你注视着客户的鼻梁中间时，对方会觉得你很专心、很诚恳。这种被人真诚关注的感觉，真的很棒，不是吗？

③聆听：一些缺少经验的销售人员在和客户沟通的时候，一旦客户提出不合理的要求，就立即打断客户的话并进行否定。其实，这是非常不恰当的。这样会让客户觉得你没有耐心，根本不尊重他，进而拒绝购买你的产品。因此，当客户说话的时候，你必须认真地听他把话说完，即使当客户的话说到一半的时候，你就已经知道根本不可能按照他的意思做，也不要打断他，要用心听完。只有这样，客户才能感受到被尊重，那么，即使你接下来委婉地拒绝，也不会被客户认为是过分的事情，客户会觉得，你也是实在无法让步，也是情有可原的。

④态度：作为销售人员，应该时刻记住尊重客户，在和客户的交流中，要保持耐心、要谦虚，这样才不会因冒犯到客户的"上帝"心理而使彼此间的关系恶化，才能进一步与客户进行沟通。

做到了以上几点，或许不能让客户心花怒放，但至少能让他看到你竭力想要把最好的服务给他的诚意。只要客户为你的诚意所感动，那么自然心情会舒畅，进而达成交易。

"上帝"也怕被坑

心理学家指出，导致人们购买或不买的主要动因有两个：希望获益和害怕损失。

希望获益是指客户希望通过改进某方面的条件而使自己的境况向更好的方向发展。换言之，如果你能够让客户觉得购买了你的产品后，他的生活或工作会有所改善，那么他多半就不会排斥购买产品了。

害怕损失是指客户害怕买错东西，害怕自己所买的东西是自己不想要、不需要、不能用或者不值得的。由于他们曾经碰到过因为买错东西而产生损失，使自己的境况变糟的情况，所以他们考虑可能产生损失的时候总是慎之又慎。

一般来说，害怕损失所产生的负面作用要远远大于希望获益所带来的积极作用。

因此，作为销售人员，应该尽量让客户相信他购买你的产品不会给他带来任何损失。将害怕损失所带来的反动力消除，才能提高销售成功的概率。换言之，你必须让客户觉得你是可信的，不会坑他。

在与客户接触的过程中，要想获得对方的信任，以下这几点是需要注意的。

①不强调自己诚实：诚信的人相信自己的诚信经得住任何考验，认为诚信是做出来的，而不是说出来的。那些希望表现自己诚实，但却欠缺这样品质的人才会把"我最痛恨别人骗

人""老实说""我不屑用欺诈手段"等话挂在嘴边。他们往往不容许别人说谎，却可以容忍自己大大小小的谎言。过分强调自己诚实，往往给人以"此地无银三百两"的感觉。

②主动自揭缺点：诚信的人不惧怕自己的缺点被别人知道，他们明白"金无足赤，人无完人"的道理。当你主动告诉对方你的缺点或者你的产品存在无伤大雅的不足时，往往能够赢得客户的信任。

③切忌正面否定：无论客户的说法是都正确，还是无理取闹，都不要直接告诉客户"不对"、"不行"、"不可能"……这些说法只会把客户推到对立的面，使交易无法达成。相反，如果能进行类似"您说的没错，不过……会不会更好些呢？"这样的引导和沟通，则更能赢得客户。

④询问：销售人员在陈述观点，对客户进行引导的过程中，要懂得适时地对客户进行询问，问一问客户"您觉得呢？"这会让客户觉得自己是被关注、关心的，能极大地拉近与客户之间的距离。

⑤绝不小看"零钱"：在收款的时候，即使身上没有零钱找给客户，也不要用商品抵或者不找给客户。忽视钱的零头，会让客户以为你喜欢占便宜，进而否定你。

⑥有责任感：诚信的人勇于承担责任。错了就是错了，为过失找借口、做辩护是推卸责任的行为，会让人感觉不可信赖。诚信的人勇于认错，但不会只是认错，他们会尽快找出改善、解决问题的方法，给人积极且有诚意的感觉。

记住，哪怕你的服务带给客户"上帝"般的感受，客户仍然会有自己的顾虑，怕被坑。你只有让客户感到"这个人、这个商品或者这家公司是可信的，不会坑人"时，他才会与你成交。

花钱是一件痛苦的事

如果要在获得快乐和避免痛苦中选择，绝大多数人会选择避免痛苦。这是出于人自我保护的本能。花钱，是失去自己的所有物，是痛苦的。即使获得商品是一种收益，是一种快乐，也不能改变"大多数情况下，花钱是一件痛苦的事"这一事实，不管你是穷人还是富人。

正是因为有这种心理，所以客户在钱这个问题上才有了"省钱→挣钱→不花钱"的考虑顺序。遗憾的是，大多数销售人员在与客户沟通时反复强调的是"客户将获得什么"，而不是"将避免什么麻烦"。

销售人员想要成单，想让客户掏钱，那就是给客户制造痛苦，所以销售人员很多时候都被人反感，销售工作做起来也不容易。找到了症结，那么该如何解决呢？

通常来说，有两个途径：

①让客户意识到"不买的损失比花钱的损失更大"，也就是说，花钱可以避免更大的麻烦；

②让客户通过花钱获得巨大的快乐，巨大到足以抵消花钱带来的痛苦。

托尼是一位汽车销售代表，他的销售工作中时常出现下面这一幕：

"先生，我建议您买这款车，虽然它价格略贵，但它的性能非常优越，跑起来的感觉真是棒极了。还有细节也设计得非常贴心——您看，这里是便捷数码充电接口，这里它们是小冰室，还自配了导航系统……"托尼介绍得非常详细。显然这是一款性价比非常高的豪车。

"是的，但它真的是太贵了，它超出了预算3000美元。"

"3000美元，与它的配置优势、性能优势相比，完全不值得一提，不是吗？只是一个好一些的导航系统，也要2000美元呢！"托尼试图让客户看到其价值所在。

然而，客户最后还是摇了摇头，说："我知道这款车确实很棒。出于业绩的考虑，你非常希望我能购买它。但很遗憾，它的很多性能我可能用不上，我想那款便宜的就足够了。"

托尼很努力地想帮助客户买到性价比高的产品，但无论托尼怎样苦口婆心，客户完全听不进去，甚至还误解了托尼的初衷，以为托尼是为了业绩想要从他的口袋里掏出更多的钱。

如果你是托尼，会不会觉得很灰心丧气呢？其实，这也不能怪客户。

人在面对失去的痛苦时，几乎将所有的注意力移到"如何避免""如何自我保护"上去了，就好像钻进了牛角尖。这时候，我们要做的是让客户明白"买了是省钱，不买才是损失"。

比如，托尼可以对客户说："我建议购买这款车，虽然它价格略贵，但与购买那款便宜的相比，绝对会帮省出不少钱。您看，它自带小冰室，这样那些路边的冷饮店就没办法从这儿赚走两倍利润了；还有这个导航系统定位指路都非常准确，只要您还在地球上，就一定不会迷路，可以帮省下不少油钱、违规罚款、停车费；还有它的轴承使用寿命比平均高出1.5倍，维护成本也更低……整体算一算，我想它每个月至少能帮您节省500美元。您真的确定要购买那款便宜的？哪怕打算两年内换车，也会多支出12000美元！"

作为销售人员，你一定要让客户明白"未得到其实就是一种失去"，而这种错失所带来的痛苦大于此刻付出金钱的痛苦。一旦客户明白了这一点，他就会做出明智的决定了。

需要注意的是，虽然花钱总让人痛苦，但痛苦有多沉重，快乐有多巨大，并没有客观的衡量标准，常常是因人而异的。在销售中，一定要注意这一点。这会让你做起销售来更加得心应手。

"老先生，您想要看看芭比娃娃吗？"贝拉看得出面前这位客户的经济状况并不好，他的手很粗糙，指甲缝里还残留着涂料。

贝拉把芭比从背后的架子上取下来，放到老先生面前的柜台上。

"您是买给您的孙女吗？我向您保证她一定会非常喜欢。可能她会开心得跳起来，扑进您怀里，亲吻您。我记得小时候，爸爸送我芭比时，我就跳到了他的身上……"贝拉好像拉家常一样和老先生说话。

"是吗？可是，它会很贵吧？"老先生终于开口了。

"如果您是问我的意见，那么我会告诉您，一点儿也不。高科技环保材料加上精致的做工，不仅让它更加漂亮，更重要的是，它能够一直陪伴您的孙女。对于女孩子来说，一个陪伴在身边的老朋友真是太重要了。我的芭比头发掉了，衣服破了，颜色变了……每次，我都会心疼好久。最后它被摔成两截那次，我哭了整整一晚……"

就在这样好似聊天的谈话中，老先生买下了这个他本不会买的芭比。

是不是觉得贝拉真是销售高手？其实，消费就是一种选择，在买与不买、买这样还是买那样中选择，如果买，既避免了痛苦，又带来了快乐，谁还会说"不"呢？

花钱容易，挣钱难

一个富翁得了重病，他想把家业交给儿子打理，但是因为儿子是个懒汉，所以富翁十分不放心。于是，他对儿子说："如果你能凭自己的劳动挣来钱，我就把所有的遗产都留给你；否则，我就将它们都捐出去。"

儿子果然非常懒，他向母亲要了点钱，骗父亲说是自己挣的。富翁说："这钱不是你挣的。"说着随手就把它丢进了火炉里。儿子看着钱烧成灰烬，十分尴尬地笑了笑，悻悻地走开了。

第二次，他又向母亲要了更多的钱交给父亲。富翁仍然看也不看，顺手丢进了火炉。儿子看着那么多的钱被烧掉，有些心疼，但也只是无可奈何地耸了耸肩膀。

第三次，儿子觉得父亲太明察秋毫了，知道自己混不过去，只好真的去干活。他给人家扛木头、搬麻袋，吃了许多苦头，才挣来一点点钱。

他拿着自己挣来的钱去见父亲。可是，富翁又把钱丢到火炉里去了。儿子一看，急坏了，马上把手伸进火里，把钱抢了出来。富翁笑了笑说："这回我相信了。如果不是自己劳动挣来的钱，你不会这样心疼。"

故事很简单，但是却从一个侧面反映出人类对金钱的认知往往带有非理性的因素。例如，同样是 100 元，如果是自己辛苦挣来的，就不舍得轻易地花出去；如果是捡的或者别人给的，又或者是中彩票得来的，消费起来就不会像前者一样深思熟虑。由于心理上的非理性因素，在人们的眼里，钱和钱是具有差别的。

一位著名的演说家举办一次演讲，上台后，第一个举动就是将一张崭新的 20 元钞票举得高高的，问："谁要这 20 元？"坐得满满的台下听众，几乎都举了手。

接着，他将那张 20 元的钞票揉成一团，然后问："谁还要？"这次，举着的手明显少了。

然后，他把钞票扔到地上，用脚使劲儿地踩它、踹它。之后，他拾起变得又脏又皱的钞票问："现在谁还要？"这时，几乎没有人举手了。

物质层面上来说，20 元依然是 20 元，并没有贬值；但对于人的心理来说，它已经变得毫无价值了。也就是说，人们在讨论任何一笔钱的时候，或多或少都会受到心理因素的影响。

针对这种现象，芝加哥大学教授萨勒提出了"心理账户"的概念。所谓心理账户，是说由于金钱的来源、保存地点和个人消费意识的不同，对金钱的支配方式会有所差异。人对金钱的看法受到自身非理性的、主观的心理因素影响。钱并不是无所不能的。

萨勒曾做过这样一个调查。

他为实验参与者设定了两种情景：一种是去听音乐会之前，发现价值 200 元的门票不见了，但是还可以再买到；另一种是去听音乐会之前发现丢失了一张与音乐会门票等价值的电话卡，而音乐会的门票是可以全额退款的。问实验参与者是否还会去听这场音乐会？

结果显示，当丢的是音乐会门票的时候，大多数人都不会去听；而丢的是电话卡的时候，大多数人表示会去听，虽然门票与电话卡是等价值的。

那么，为什么会有这两种不同的选择呢？原因就在于，心理上人们将电话卡和音乐会门票归到了不同的账户中，丢失电话卡是不会对音乐会所在账户的预算和支出产生影响的，所以大部分人仍然会去；当丢的是音乐会门票的时候，就会使音乐会门票所在账户空掉，进而选择不去听音乐会。

心理账户效应的影响是"双面"的，既有积极的一面，也有消极的一面。就积极的一面而言，若巧妙利用在很多情况下会有事半功倍的效果。

作为消费者来说，类似礼金、奖金、中彩票得来的钱，更加容易消费出去；而那些自己辛苦得来或者好不容易存下来的钱则不容易支出。因此，销售人员一定要把握好客户这种对同样数量的钱，但是由于得来的途径和消费品的不同所产生的心理差异。例如，客户嫌你的产品贵，那么你可以说："千金难买心头好！您那么喜欢还有什么好犹豫的呢？这钱您打一圈牌就赢回来了。"这样，客户就比较容易购买你的商品。

因此，你在进行销售的时候，一定要注意到钱的价值是受到人们主观心理影响的，要引导好客户的心理，尽量让客户觉得自己的钱是源源不断的、是比较容易赚来的，而将钱花在你这里是最佳的选择。

省钱就是赚钱

在销售时，你会经常遇到这样一类客户，他们把钱看得很重，不会轻易掏腰包，总是抱着"钱能省则省"，多省一分钱就是多赚一分钱的想法。或许你不认同这样的消费观，或许这的确有偏差，但你并不能在短时间之内就改变客户的看法。作为销售人员，你唯一可以做的是……面对这类客户，和他们谈论价格时，首先要让他们觉得钱花在了刀刃上，然后报出价格，这样他们才会更容易接受，才会更愿意与你成交。

一般来说，这类客户比较节俭，他们在消费心理上属较为保守的一类。他们可能经历过较为贫穷的生活，深知"一粥一饭当思来之不易"，所以即使后来生活条件改善了，也很难改掉自己的习惯。面对这类客户，一定要先站在客户的立场上，告诉客户产品的价值所在，并帮助其分析以你给出的价格购买这样的产品物有所值，并且要向其传达一种"钱要花在刀刃上"的理念，最后再谈论价格。在此基础上报出的价格，客户很可能会欣然接受，如此一来，交易就实现了。下面事例中的小林就很好地做到了这一点。

小林在2005年的时候，开办了自己的家庭装修公司。在工作中，他一直秉承的销售理念是让客户把钱花在刀刃上。

一天，一位客户来到小林的公司，想让他帮忙参谋如何装修和选材。小林直言不讳地说道："对于家庭装修来说，重要的主材要买好的，不能省钱；厨房厕所里的用具也要买好的，浴室里的东西不能买便宜的；做防水的材料也要买好的，防水材料如果质量太差，就算师傅做得再好，也会发生漏水现象，而且想要恢复，就会变成大工程，这比当初做防水花的钱还要多。在这些方面，我们公司使用的产品都是质量过关的。虽然价格有些高，但是绝对物有所值。在进购建材时，我会亲自把关，价格贵一些没关系，但是一定要保证质量。这方面您可以放心。"

客户有点不相信。小林接着说："电也是一样。电线和附材要买好的，否则，一旦出了问题是很麻烦的，也是很危险的。说到底，就是水电最关键，这些地方必须多花点钱，而其他地方则可以适量少花些钱。"

客户说："但是我想把房间装饰得好一点，我想使用最好的材料。"

小林说："我倒觉得这方面可以省一点儿，毕竟房间的墙面、窗帘、家具等，过几年你不喜欢了还可以换新的。但是，厕所里的、厨房里的东西都比较贵，坏了再买，那可不是花小钱的事，而且要重新安装，很麻烦的。"

客户听了小林的建议，非常开心，因为他找了几家公司，都胡乱给他设计，他觉得花费得太多了。他是抱着试试看的态度来找小林的。没想到，小林的公司正好符合自己的心意！所以，当小林报出房子装修的价格时，客户立即同意了。

一般情况下，客户装修房子都要求价格便宜且质量好，这样的心理每个人都有，但是价格太低怎么能保证质量呢？其实，最好的办法就是该花的地方要花，不该花的地方不花或少花。这样不仅可以保证质量，还可以节省一笔费用，于是把钱就花在了刀刃上。而事例中的小林所说的每一句话，都是在为客户着想，帮助客户节省钱，把客户的钱用在了最关键的地方，这就打动了客户，因此客户便把装修房子的工程包给了小林。

要想让客户感觉自己的钱花在了刀刃上，就必须站在客户的立场上，紧抓客户的需求，从客户的需求中分析出哪些方面应该多花钱，哪些方面应该少花钱或不花钱，然后以"物美价廉"的产品赢得客户。当客户感觉自己的钱花在了刀刃上的时候，就会愿意与你合作，愿意与你成交。

　　总而言之，想要成为出色的销售员，就必须多替客户打算、考虑，让客户感觉他们的钱的确花在了刀刃上，这样他们才会心甘情愿地与你签单、成交。

第三章
世界充满戒备，
你要练就吸引客户的体质

　　每一位销售人员的销售生涯都是从陌生客户开始的。然而陌生人之间总是充满了戒备和防范。尤其是对陌生的销售人员，许多人更是满心抗拒。聪明的销售人员懂得利用个人魅力，不战而胜。正所谓"情"不知所起，却一往而深。

第一眼对了，销售就对了

美国心理学家洛钦斯于 1957 年进行了一个实验。他设计了四篇不同的短文，分别描写一位名叫杰姆的人。第一篇文章整篇都把杰姆描述成一个开朗而友好的人；第二篇文章前半段把杰姆描述得开朗友好，后半段则描述得孤僻而不友好；第三篇与第二篇相反，前半段说杰姆孤僻不友好，后半段却说他开朗友好；第四篇文章全篇将杰姆描述得孤僻而不友好。洛钦斯请四个组的测试者分别读这四篇文章，然后在一个量表上评估杰姆的为人是否友好。

实验结果表明，文章内容的前后安排是至关重要的。描述开朗友好在先的，评估杰姆友好的测试者为 78%；描述孤僻而不友好在先的，评估杰姆友好的测试者仅为 18%。

从实验可知，第一印象在人际交往中是非常重要的。人与人之间初次见面所留下的第一印象，会在彼此的意识中占据主导地位，进而影响双方后续的交往。

这一点在销售过程中也表现得尤其明显，有时候在很大程度上影响着客户是否会接受并购买销售人员的产品。如果销售人员给客户留下的第一印象不佳，那么销售人员要想在后来的接触中扭转客户对自己的态度，就必须付出加倍的努力，要用更多的好印象去弥补。不过，即使如此，也未必能成功改变客户对销售员的看法。因此，与其事后费力弥补，不如在销售之初就留给客户良好的第一印象。

法兰克·贝格是美国寿险销售冠军，在 30 多年的保险销售生涯中，以其艰辛的奋斗历程和辉煌的业绩，赢得了"保险行销之父"的称号，同时也是美国最成功、收入最高的销售员之一。他是如何成为"保险行销之父"的呢？下面这个关于他的案例或许能给你答案。

贝格刚刚从事保险销售时，业绩并不好。尽管贝格反省了自己销售时的各个方面，却始终找不到业绩毫无起色的原因。

后来，贝格所在公司的一名业绩突出的前辈批评他说："你看你，头发长成这样也不理；衣服的搭配也有些可笑，颜色看上去非常不协调；更糟糕的是，为什么你连续几天都穿同一套西装，裤子上的褶子已经相当明显了。这样邋遢的形象，怎会有良好的业绩？总之，要想提高业绩，就先把自己打扮得像个样子吧！"

"可是，我的生活已经很拮据了，怎会有那么多钱去打扮呢？"贝格辩解说。

"不，贝格你错了，我这是在帮你赚钱。你知道你这样的形象会让你失去多少保单、损失多少业绩吗？你因此而失去的远远超过你用在改变形象上的钱。贝格，你必须相信我，把自己的形象弄得好一点儿，我保证你的业绩会翻一番！"

听前辈说得如此笃定，贝格抱着半信半疑、姑且一试的态度找了一位专门的形象设计师，请他帮自己打造出良好的职业形象。

在专业的形象设计师的帮助和自己的努力下，贝格塑造了自己全新的职业形象。果然，在他的形象改变以后，他的业绩也开始增长。尝到了甜头的贝格从此不仅注意自己的穿着打扮，而且也特别注意自己的言行举止。凭借着自己给客户留下的良好印象，以及自己的努力，贝格的业绩不断提升。后来，他终于成为世界级的销售大师和销售冠军。

贝格之所以能够从一名业绩差的销售员成长为世界级的销售大师，成为销售冠军，一个很重要的原因就是他通过改变自己的着装打扮打造了自己全新的职业形象。可见，良好的着装打扮和外在形象对于销售成功是十分必要的。对此，身为销售人员的你应该好好学习和借鉴。那么，你应该怎样进行着装打扮，才能像贝格一样成为销售冠军呢？以下的一些建议可以参考一下。

①服装、饰物应该与自己的身材、年龄相符合，不要穿奇装异服。同时还要讲究穿着自然大方、适宜得体，这是你选择衣服最应该注意的地方。

②身为一个销售人员，如果你的着装比你的客户穿的更好、更体面，那么大部分的发展机会就与你无缘了。因为如果你穿得比客户更体面，会让客户心里有一种"被你比下去"的感觉，客户会感到自惭形秽。就算你各方面都很优秀，客户也不会对你有好感。因此，你的着装最好只比客户稍好一点，好"一点"既能体现出对客户的尊重，又不会拉开双方的距离。

③拜见不同的客户，选择不同的服装。比如，在面见公司领导或者很有地位的客户时，销售员最好穿职业装；在面见普通的员工型客户时，销售员的穿着可以稍微随便一些，但要保持干净、整洁，不要与客户形成太大的反差；如果你销售的是低价产品，面对的客户是街头巷尾的普通大众，那么最好穿具有品牌标志的制服或具有亲和力的普通衣服。

④着装要与场合相符。比如，在参加正式会议、出席晚宴时，男性销售员要穿质地较好的西装，女性销售员应该选择正式的套装或晚礼服；在朋友聚会、郊游等非正式场合，销售员即便与客户见面，也可以穿休闲装或者运动装。

⑤发型发式宜整洁、合适。作为销售员，每天都要与客户打交道，如果你不修边幅，就很难给客户留下良好的印象，更

别说实现销售目标了。因此，出于职业要求，销售员的头发应该干净整洁，发式不宜夸张。

⑥面部修饰宜洁净自然。销售员在与客户面对面交流的过程中，面部的修饰显得尤为重要。如果销售员蓬头垢面，那么，即使面部表情再丰富，也会令客户不舒服，甚至产生反感。销售员修饰面部时要力求洁净自然，不能是胡须满面或者浓妆艳抹。

总而言之，好好修饰你的仪表吧，内在的气质固然重要，外在的仪表也不能丢弃，把自己最美好的一面展现给你的客户，给他们留下深刻而美好的印象。这会为你成为销售冠军增加筹码。

抢夺客户的注意力

美国广告专家利奥·伯内特曾说："要想占领市场，就要先占领头脑，只有占领了人们的头脑，获得了人们足够的注意力，你才能掌握市场的指挥棒。"这就是销售界著名的伯内特定律。如果你无法获得客户的注意力，就无法打动客户的心，自然就不能赚他的钱。

有一次，表演艺术家朗林杜拉带着他的马戏团来到一个陌生的城市做巡回演出。然而，由于当地的人都没听过他的名字，因此观众寥寥无几。

朗林杜拉在街上行走的时候，碰到一个年轻的乞丐。朗林杜拉对乞丐说："我不会施舍你一分钱，但我可以让你得到更多的钱，我要雇佣你。"乞丐答应了。

他把乞丐带回马戏团，交给他两块砖头，要他出去的时候，先把其中一块砖头放在街道上，然后拿着另一块去小镇的几条街道绕圈，等绕回放砖头的地方的时候，把手里的砖头和街上的砖头交换，然后再回到马戏团，再在马戏团绕一圈，接着从后门离开，继续相同的动作。并且，不可以和任何一个人说话。

当乞丐第一次这样做的时候，人们开始注视乞丐的怪异举止。第二次，有少数人开始谈论他的行为。然后，有人开始跟着他，想看个究竟，许多人簇拥在他身旁，争论他到底在做什么。而他每次进入马戏团，就有一些人买票进场，继续盯着他看。仅第一天，乞丐就为马戏团吸引了上千观众。

几天之后，围观的人多得已经造成了交通堵塞，乞丐放砖头的行动被迫停止了。然而，马戏团却因此而得到了许多人的注目，火了起来；而朗林杜拉也赢得了为数不少的忠实粉丝。

作为销售人员，你要想尽办法先让你或者你的产品牢牢地抓住客户的"眼球"，获取他们的注意力。这样你就会先占领了客户的头脑，客户才会愿意花出几分钟时间去开始了解你的产品，那么该怎样吸引客户的"眼球"呢？一般来说，以下几点很值得下功夫。

（1）动人的色彩

产品的包装是固定的，你无法做大的改动，但你可以让自己的装扮与你的产品在某种程度上具有相同的效果。如果你是一位男士，不妨在细节上做文章，如系一条色彩鲜艳的领带、用一款沁人心脾的香水等。只要是能在人群中突出自己的都可以考虑，不过要适度，不要有哗众取宠之嫌。

（2）精神抖擞

精神抖擞的人更容易让人记住。因为，精神抖擞的人会让对方感到快乐，而萎靡的人会给对方带来消极情绪，而人会主动选择让自身愉悦的人或事物。你要保持身体挺拔，说话干脆有力。

（3）营造略微神秘的气氛

不要过于直白地和盘托出，无论是对自己还是对产品，你都可以适当保留或者凭借自己的个性和你过去的经历引起对方的兴趣，然后迅速转移话题，勾起对方的好奇心，让他有和你进一步交流的欲望，从而加强别人对你的注意。

一旦你或你的产品成为客户关注的焦点，即抓住了客户对产品的好奇心，那么你的销售就已经成功一半了。

怎么就让人觉得这么亲

具有亲和力是销售人员职业形象的重要组成部分。在与客户沟通的过程中，如果你能将亲和力传达给客户，并用这种亲和力时刻影响客户，你就会拥有一种温暖亲切的"气场"，这样你就能更接近客户，你的销售才更容易达成。下面事例中的销售员就是凭借亲和力才销售成功的。

"您好！我是××保险公司的销售员原一平。"

客户接过名片后说："前几天刚刚来过一个销售员，已经被我赶走了，所以你还是不要浪费时间了，我没有投保的意愿。"这位客户原本想三言两语就打发走原一平。

"谢谢您的关心，不过还是请您给我一个机会，听我介绍一下这个产品。如果听完您还不满意，那我当着您的面切腹，您看怎么样？"原一平很认真地说，甚至还有些气愤。

客户听完禁不住哈哈大笑："你真的要切腹吗？在我面前，你确定？"

"肯定，一刀刺下去像这样……"原一平一边用手比画，一边回答。

"你非切腹不可了，你等着吧。"客户笑道。

"那我非要用心介绍不可了，因为我不想切腹！"说到这儿，原一平则由刚开始的"正经"转换到"鬼脸"的表情，严肃的气氛被化解了，客户与原一平同时大笑起来。

原一平缓和气氛，以幽默感逗客户笑，这就是亲和力。作为销售人员，说的话、做的事要让对方觉得心情舒适，对方心情好了，自然就不会拒人于千里之外，后面的销售活动也就好开展了。

下面是另一则实例。

小王是一名保险销售员。这天他来拜访一位公司经理，这是一位大客户。小王穿着得体，信心十足地来到客户的面前。

小王："您好，刘总，我是××公司的销售代表小王，非常感谢您抽出时间来见我。"

客户："不用客气。"

小王："贵公司在刘总的领导下，发展得突飞猛进，真是令人钦佩啊！我一向很佩服贵公司的人性化管理，您对员工可谓爱护有加，员工对您也是非常爱戴的。"

客户："您过奖了，尊重员工才能激发员工的想象力和创造力，才能让他们成为公司的中坚力量。"

小王："刘总，您简单的几句话就表现出了您经营公司的独特理念，真是高瞻远瞩啊。您对员工如此爱护，肯定也为他们提供了不少福利待遇吧。我们可以为您提供一种更为完善的方案，最适合贵公司的员工使用。"

客户："完善的方案？"

小王："对，我们推出一种保险……"

小王的亲和力表现在话里话外都彰显着自己的"走心"——对对方的关注和了解。当自己成为被关注、被认可、被推崇的对象时，心情怎会不好呢？

但凡成功的销售员都知道善于利用自己非凡的亲和力同自己的客户建立起朋友关系。很多失败的销售员往往都缺乏亲和力、缺乏自信，无法和客户建立友谊，只能建立买卖关系。对于一个销售员来说，与客户一起大笑是消除隔阂的好方法，这样客户就容易和你建立友谊，而对于客户来讲，有了友谊，他就会购买你的产品。其实他们买的不仅是产品，同时也为你们的友谊买单。另外，客户还会向朋友引荐你，当你再去拜访他们时基本不会不受欢迎。因此，当销售员以这样的名义去拜访一位新客户时，其实他和新客户之间已经存在了某种意义上的友谊。

著名的销售大师乔·吉拉德就拥有超人的亲和力。他有一句名言："每个人都喜欢被别人接受或者喜欢。"如果能让客户觉得自己被喜欢，那么销售活动成功的可能性就很大。这是乔·吉拉德的亲和力。

亲和力是使人亲近、愿意接触的力量。它可以是幽默，可以是接纳和认同，可以是热心助人，可以是笑脸……每个人都有独属于自己的亲和力，关键是要找到有自我特色的亲和力，并善于利用它。

那么，你找到自己的亲和力了吗？

用热情点燃客户的购买欲

许多人都经历过或者看到过这样的事情。

一位客户走进一家服装品牌店，销售小姐非常热情地出来打招呼："有什么可以帮到您？"客户连忙说："我随便看看。"然后，客户继续看商品，而销售小姐则紧随身后。当客户的眼光刚在一件深蓝色西服上停留时，销售小姐赶忙就说："这个款式正在促销，这个月内购买可以打七折。"客户什么也没说，继续看其他的商品。当客户仔细观察一条男士围巾时，销售小姐又迫不及待地说："这款围巾是最新款，很畅销。"终于，客户加快脚步，逃出了这家品牌店。

销售人员在销售产品时，热情固然是必不可少的，但热情过度，很有可能吓跑客户。在产品销售过程中，不少销售人员因为迫切想了解客户的需求，因此一见客户的面就热情得不得了，其结果就是导致客户心存去意，连产品介绍和解说也不想再听。

因此，销售人员一定要对热情有正确的认识。下面对热情比较典型的三种误解是需要纠正的。

（1）热情就是大声

许多销售人员害怕客户听不清楚自己说话，或者不注意听自己说话，与客户交谈时，他们声音总是非常洪亮，常常使得客户的耳膜振动幅度过大，产生焦虑，结果失去了客户。因此，除非你的客户是位患有耳疾的人或者是听力不好的老人，否则与客户交谈时一定要保持适当的音量，只要对方能够听清楚你在说什么就可以了，没有必要太过大声。

（2）热情就是形影不离

很多销售人员在介绍产品，或带着客户看产品时，总是紧随客户左右。这种紧迫跟人的方法在足球赛中可能会非常奏效，但在销售的过程中却往往会让客户感到不安，有种被控制的感觉。因此，你必须与客户保持一定的距离。其实即使不形影不离地跟着客户，你也能够留心观察客户对产品的态度，在他有需要的时候，及时出现在他的面前。此外，值得注意的是，对任何人来说，身后都是一个"恐怖"空间，身后总是有人跟着会让客户有种毛骨悚然的感觉。你带给客户的感觉如此不好，又怎么能奢望他买你的产品呢？

（3）热情就是给对方压力感

不少销售人员总是很强势，在客户的面前表现得非常专业、非常职业化，缺少人情味，给客户一种被人驾驭或强迫销售的感觉。因此，客户对你做出反抗和拒绝也就不奇怪了。

一个专业的销售人员在销售中要做到热情有度，除了避免走入热情的误区以外，还可以从下面三个方面进行努力，使你的销售热情能够有效地感染客户。

①从内心流露出来热情：热情是一种心理情感，它的流露往往不单是某一个或两个动作，而是你身体的整体表现。如果你的热情是发自真心的，那么从你的语气语调到肢体动作；从你的眼神到微笑；从你的表情到穿着，都会流露出你的热情。在你接触客户的过程中，当你充满热情的时候，客户就会不自觉地被你吸引、被你感染。

②热情需要智慧，要随机应变：由于每个人对外界刺激的感受度不一样，因此你要随时根据客户的反应来调整自己的热情度。

③多肯定客户：来自于外界的肯定，总是能够让人如沐春风。因此在与客户交谈时，要多给客户肯定，例如肯定客户的衣着打扮，肯定客户的选择，肯定客户为人处事的方式……这是一种非常能够感染客户的方式。

如果你实在不知道怎样的热情才是适度的，那么就按照自己的方式热情地去对待客户吧，宁可让客户被你的热情吓跑，也不要让客户因你的冷漠而离去。

学会了幽默，全世界都会欢迎你

缺乏笑声的销售活动不能算是成功的销售活动，过于严肃或呆板都意味着自掘坟墓。想要有效地避免这种情况，就一定要掌握幽默的技巧。

幽默风趣，往往能让一个人受到众人的欢迎。同理，一个幽默风趣的销售员，也往往会受到众多客户的欢迎。所以，我们说幽默能够帮助销售员获得成功。这话并非没有根据，下面这项调查就为我们的结论做了最有力的论证。

有一次，美国329家大公司的行政主管共同参与了一项幽默意见调查。一家业务咨询公司的总裁霍奇先生将这项调查结果在报纸上公布出来。他说："97％的主管人员都相信，幽默在商界是一种十分重要的技能；60％的人则认为，幽默感决定了一个人获得事业成功的程度。"

这次调查充分说明了，幽默的力量主要在于帮助我们树立起良好的自我形象。

（1）幽默的神奇功效

提起幽默，一般人会认为那只不过是逗人一笑的插科打诨罢了。你如果这样想就大错特错了，幽默不仅可以博人一笑，它还有很多其他的用处，如用在销售过程中。

美国的一家公司为了使"新生产生发剂"在英国畅销，便委托伦敦一家药店的老板为总经销商，全权代理"新生产生发剂"的销售。药店老板是一个27岁的年轻人，颇懂得一些幽默技巧，他找来 10 个秃头的男人给他做销售员。他在 10 个光秃秃的脑袋上标上"XX 生发剂"字样，另外还加上了一些稀奇古怪的图面，让他们走街串巷地宣传。

利用人的脑袋做广告宣传，这确实新鲜又有趣。因而，这则令人捧腹不已的秃头广告刚一出现，就在伦敦街头造成了极大的轰动。伦敦的各家新闻媒体都纷纷抢先报道了这则举世罕见的广告。这无疑给这家公司免费宣传了一番。可想而知，公司的财运滚滚而来。

可以说，如果你能让客户笑出来，就可以让客户把钱掏出来！

（2）销售你的幽默

在拜访潜在客户的时候，假如他们对你说"不"，你应该感谢他们，因为他们正在帮你向"是"迈进。要让他们知道你是多么感谢这一点，并且告诉他们：你平均每听到 10 个"不"才能获得一个"是"，因而你就想听到更多的"不"，每听到一个"不"，就离"是"更近一步。你可以这样问他们："请问还有谁要拒绝我吗？好让我赶紧凑足所需要的'不'。"

某公司总裁说："我喜欢雇用那些擅长制造快乐气氛且能够自我解嘲的人。因为这样的人可以很容易让大家接受他，同时也能接受他的观点、方法或者产品。"

（3）善用幽默化解危机

幽默是交际活动的润滑剂，在销售过程中可以制造出愉悦的交谈气氛，化解矛盾和不快情绪，并能有效改善与客户的关系。

幽默是销售成功的金钥匙，它具有很强的感染力和吸引力，能迅速打开客户的心灵之门，让客户在会心一笑后，对你和你的产品或服务产生好感，从而诱发其购买动机，促成交易迅速达成。事实上，幽默在销售过程中的应用的确成就了很多销售员。

下面事例中的销售员就是因为懂得运用幽默的艺术才谈成了一笔生意。

昆山有一家叫作"泰远"的旅店，它坐落于一个风景名胜区内。曾经有一位销售员前往该旅店向旅店老板销售理财产品，当他与这家旅店的老板进行磋商时，如同一般准客户的反应一样，这位老板这样对他说："这件事情让我再考虑一下，因为我还需要请示一下我的太太。"

这家旅馆店叫"泰远"，与"太远"同音，因此在听完他的推托之词后，这位销售员就这样对他说："来到贵店'太远'，如果'太近'的话，多来几次也无妨，但是偏偏我却身居在那遥远的上海……"

听了销售员的这番话后，旅店老板忍俊不禁，笑个不停，结果这位销售人员就在那天谈成了这笔生意。

有时小幽默却能发挥出莫大的作用！聪明的销售人员灵机一动，通过旅店的谐音制造了一个小幽默，却产生了出其不意的效果，打动了客户。如果身为销售员的你也能让客户开怀大笑，你同样能赢得客户，实现销售。这就是幽默的力量。

同时，幽默还能化解销售过程中的危机。销售工作中，哪个销售员没有遇到过棘手的危机呢？如客户要求退货、销售员约见客户时迟到等。遇到危机并不可怕，运用幽默的力量去化解就是了，一定要相信幽默所具有的力量，它不仅能够缓解销售员与客户之间的矛盾或避免冲突，而且有可能让销售员"转败为胜"。

然而，尽管幽默具有神奇的力量，但在销售中还需要切记一点：风趣幽默最重要的一点，就是能让彼此在笑声中产生经济效果。如果销售员凭借幽默的口才，令客户开怀大笑了，而客户最终却不购买产品，那么，这样的幽默仍然是失败的。唯有既能够让客户开怀大笑，又能够与客户达成交易的幽默，才是销售人员真正需要追求和努力学会的。

　　总之，销售产品是一项艰辛的工作。成功的销售人员除了有绝对的自信、扎实的专业知识、优秀的表达能力以外，还需要有幽默口才。只有这样，销售人员才能在最短的时间内赢得客户的认可或者化解销售危机，从而实现销售，提升销售业绩。

爱笑的人，运气不会差

中国有句俗话，"伸手不打笑脸人"。微笑是最美的符号，美国作家、心理学家奥格·曼狄诺曾提出过一条关于微笑的心理定律——曼狄诺定律，指的是微笑拥有巨大的魔力，人们应该经常笑。发自内心的微笑可以和谐人际关系，甚至可以带来黄金。

"你对世界微笑，世界就会对你微笑"，这就是微笑的感染力。对很多人来说微笑是一种武器，尤其是在销售活动中，销售人员应该深有体会，满面微笑呈现给客户的不仅仅是我们的精神状态，还有积极心态，这会在无形中让客户对我们所销售的产品产生兴趣，有利于后面的沟通。

想必大家都知道原一平，"值百万美元的笑容"的主人公，他可以称得上是一位极富传奇色彩的销售大师。原一平在销售生涯中，屡屡创下销售佳绩，同行业的人极少能与之匹敌。

来看看原一平的情况，个头不是很高常常令年轻时的他苦恼不已。苦恼的同时他还抱怨，认为上天对自己不公。然而事实既定，改变显然是不可能的，抱怨当然更无济于事。

当时的原一平在一家保险公司工作，一次偶然的机会与当时的老总高木金次先生进行了交谈。高木金次先生在销售方面经验丰富，巧的是他和原一平有着相同点，那就是个头矮小。当时高木金次先生对原一平说："现在外面有很多身体比例好的人，也许这只是个先天的优势，使得客户容易对其有个好的印象。但是对于像我们这样个头较小的销售员来说，如何给客户留下好的印象呢？最好的方法便是保持微笑，发自内心地微笑，以我们的微笑征服客户。"说完这些，高木金次先生的脸上立刻展现出他独特的微笑，他的微笑纯真无比，立刻征服了原一平，让他瞬间有所领悟。

自此以后，原一平开始对自己进行微笑训练，之后成为一个脸上时刻带着微笑的销售员。原一平曾说："微笑的意义其实很大，当你对客户皱起眉头时，客户会给你更深的眉头；当你给客户一个亲切的微笑时，客户给你的将是丰厚的回报，甚至更多。"

在一个大型的汽艇展示会上，原一平是其中的一个销售员。当时很多客户都在参观汽艇模型，而一位外国的石油富翁对其中一艘大船表现出极大的兴趣。他问那艘船的销售员船的价钱，而那位销售员面对这个很有实力的客户，只是面无表情地告知了其价格。此时富翁虽然对这艘船很有兴趣，但那位销售员"平静"的脸却让他没有想继续下去的打算，他悻悻地走开了。富翁继续走着，当他走到下一艘展示船时，看到面对他的销售员脸上挂着微笑同他打招呼，顿时轻松了许多，于是他再一次问："这艘船多少钱？"

"2000万元。"这个销售员始终带着阳光般的微笑告知客户船的价格，同时邀请那位富翁先参观那艘船，富翁欣然接受了。就是这么简单，石油富翁在满意地参观了船之后下了一张订单，并且很开心地对那位销售员说，他很喜欢别人微笑的样子，那让他感觉亲切、放松，而他自己也觉得别人向他微笑就表示他为人们所喜欢。他很乐意人们喜欢他。在这次展示会上，只有这个销售员让他找到了他被喜欢的感觉，所以他将带支票过来。

第二天，那位富翁便遵守约定带来了支票。用微笑打动客户，将自己成功地销售出去，接着又成功地销售出自己的产品，这个人就是原一平。那次成功的销售，让原一平获得了很高的收入，至于先前那位没有微笑的销售员错过的又何止是一张订单。

经过数年来的销售经验积累，原一平总结出一条经验，那便是你的客户需要微笑，客户心情放松，销购双方的距离才能拉近，合作才能成为可能。记住：你的客户希望看到的销售员是积极的、自信的！用你的微笑去征服客户吧！

客户耐心有限，你只有 3 分钟

客户需要的是实实在在的信息，不是销售的废话。你的话越简练越好，最好能用一句话让客户明白你要干什么！又长又臭的聒噪只会让客户反感。

张女士到一家商场闲逛，在女装专柜面前想随意看看衣服。她还没站稳脚跟，一位销售人员就走到她的前面，不停地说了起来——"您好，您看看需要点什么？""我们这里有最新款的冬装""您身材这么好，这件衣服肯定合适。"……

张女士在前面走，销售小姐在后面跟着，几乎是寸步不离。最后，张女士实在受不了了，对这位喋喋不休的小姐说："谢谢你，我只是随便看看！"

说完，张女士就头也不回地出了这家店。

"说实话，我不喜欢这样又臭又长的谈话，本来想看看有没有合适的衣服，可惜挺好的心情被这些销售人员的过度服务搞坏了。"张女士无奈地摇了摇头。

为什么又臭又长的谈话会引起客户的反感呢？除了人的天性不喜欢别人的打扰以外，现在很多人喜欢把消费作为自己的休闲方式，购物只是其次。这时，如果有人向你推销商品，除非自己需要，不然对方说得越多，越让人反感。

如果你是客户，你也会这样认为："你只要告诉我事情的重点就可以了，有话直说！"所以，销售人员与其跟在客户的身边喋喋不休地推荐商品，让客户越来越烦，不如用一句话就说明意图，让客户自己去决定。

如果客户有这方面的需求，自然会与你进行更深一步的沟通；如果对方没有这方面的需求，至少你还有下一次接触的机会，而不至于直接上了对方的"黑名单"。

提供无干扰的服务是对客户的一种尊重，长话短说就是其中很重要的一项。在这几分钟的交流中，你要做到以下几点。

① 告诉客户你不会浪费他的时间。在和客户谈话时，你要清楚地告诉客户，你不会占用他太多时间。现在的人都很忙，他们都不希望浪费时间。他们最厌恶一个销售员来告诉他们一些自己不需要或不感兴趣的事，进而占去他们宝贵的时间。所以，如果客户觉得你将会占用他太多的时间，那么从一开始他就会产生排斥感。

② 让他记住甚至只是知道你或者你的产品，并确认他是否有需求。

③ 他是否有购买决定权。在进行产品推销之前，销售员首先要确定你的谈话对象是不是具有购买决定权的人。你可以直接问他，他是否是具有购买决定权的人。如果客户告诉你他没有时，那么你应该获取进一步的信息来见到那位具有购买决定权的人。如果你一开始就找错人了，那么再好的销售行为也是无济于事的。

再厉害的销售员也很难在3分钟内成单，你要学会不心急，分步走——先准备好再开展推销。而在与客户接触的最初3分钟里，要做到的也仅仅是准备而已。

第四章
世界充满戒备，你要学会建立信任

　　从陌生到熟悉，从熟悉到信任，从信任到忠实，对不懂心理学的销售员来说，每一步都是一个难以跨越的坎儿；对懂心理学的销售员来说，一切都是水到渠成、自然而然的事情。

客户喜欢什么，你就跟他聊什么

销售中，说得再多、再好听、再精彩，如果不能言中要害，不能让客户产生兴趣，则都是无用的。那种不能切中要害的喋喋不休只可能引发客户的反感，使销售人员失去客户。

通用电气公司副总经理说过："在最近的代理商会议中，当大家谈到是什么导致销售员失败时，有四分之三的人认为，最大的原因在于销售员的喋喋不休。"的确，销售员不一定什么都知道，但一定是能言善道的。但是，不能切中要害的能言善道是应该立刻打住的，否则只会惹客户心生厌烦。

哈里面包公司生产的面包味道好，且信誉极佳，这是众所周知的。公司老板哈里先生一直想把自己的产品销售给当地一家著名的五星级酒店。

为了达到这个目标，他一直在努力着，几乎天天给酒店的负责人打电话，向酒店负责人女推销自己的面包，告诉对方自己的面包的味道有多么地好，外观有多么地别致，品种有多么地丰富……这一打，他就打了四年，到后来，酒店负责人只要一听到是他的电话，就会直接挂掉电话。

然而哈里先生也是一个很坚韧的人，为了能够实现目标，他已经坚持并努力了四年，此时更加不可以中途放弃。为了能继续向酒店负责人推销面包，他甚至在酒店包了一个房间。遗憾的是，他如此煞费苦心，却似乎没有什么效果，他的销售模式始终没有被酒店的负责人接纳。

后来他想，要是谈的是酒店负责人感兴趣的事情，能够言中客户心中的关键所在，那么，酒店负责人一定不会拒绝和自己交谈，这样他就有机会把面包卖给他了。于是，他开始四处打听该酒店负责人的喜好和关心的事情。经过一段时间的调查，他知道该负责人是一个酒店协会的会员，恰好最近刚刚担任了该协会的会长，这个负责人心肠很好，很喜欢参与公益事业。得知这些后，哈里先生明白了自己该做什么。

哈里像往常一样去拜访该负责人，哈里这次不仅没有提及一点有关面包的事情，而且谈话的内容也都锁定在那个协会上面，让该负责人听得津津有味，并热情邀请哈里加入他们的协会，哈里爽快地答应了。

此次谈话结束后几天，该酒店的工作人员就给哈里打来电话，通知他把公司的面包样品和价格表送过去。在那位工作人员的办公室，哈里喜出望外地拿着酒店需要的东西，那位工作人员看着哈里说："真不敢相信，你是怎么做到的，我的老板相当固执啊！"

事后，哈里感慨万千，自己公司的产品好大家都知道，可是努力了四年，连一颗面包屑都没有卖给酒店。可是现在仅仅说了一下酒店负责人感兴趣的事情，竟然促成了合作。

还有一个这样的例子。

美国有个叫乔·库尔曼的人，他幼年丧父，18岁那年成为一名职业球手，后来不幸因手臂受伤，在无奈之下做了一名寿险销售员。29岁的时候，他成了美国薪水最高的销售员之一。到目前为止，在20多年的销售生涯中，他销售了40000多份寿险，平均每天售出5份，这使他成为美国的金牌销售员。

库尔曼把自己的成功归结为他能够用一句具有魔力的话来改变糟糕的局面。而这句有魔力的话是："请问您是怎么开始您的事业的？"他在自己的传记中这样写道："这句话似乎魔力无边，看看那些忙得不可开交的人们吧，只要你一提出这个问题，他们总是能够挤出时间来同你聊。"他用一个很典型的例子来论证这种魔力。在他刚开始销售时，曾经遇见了一家工厂的老板，名叫罗斯。罗斯平常工作忙得不可开交，许多销售员都对他无计可施，可是库尔曼却成功地让这个人买了自己的保险。当时销售的情境如下。

库尔曼："您好，我是乔·库尔曼，是保险公司的销售员。"

罗斯："又是销售员。今天，你已经是第10个来我这里的销售员了。我手上有很多事情要做，没有时间听你说话。快走吧，别再烦我了，我没有时间！"

库尔曼："请允许我自我介绍一下，只需10分钟。"

罗斯："难道你听不明白吗？我根本就没有时间！"

这时候，库尔曼低下头去用了整整一分钟的时间看放在地板上的产品，然后张口问道："您干这一行有多长时间了？"

罗斯说："哦，22年了。"

库尔曼不失时机地接了下去，继续问道："您是怎么开始做这个的？"

这句话立即在罗斯身上产生了不可抗拒的魔力。他开始滔滔不绝地谈了起来，从早年的不幸到创业的艰辛，再到自己取得的成绩，一口气谈了一个多小时。最后，罗斯还热情地邀请库尔曼参观自己的工厂。那一次会面，库尔曼并没有卖出去保险，但是他却和罗斯成了朋友。然而，在接下来的三年里，罗斯先后从库尔曼那里买走了四份保险。

"您是怎么开始您的事业的"，其实就是为了提及对方喜欢的话题，引起对方的兴趣，从而进一步沟通，获得销售的成功。

在这两个例子里，销售员之所以能销售成功，其实也没有什么特别的窍门，无论是察言观色地谈论对方的兴趣爱好，还是找寻对方感兴趣的话题，都是迎合客户的口味，对方喜欢什么自己就谈什么，从而消除了双方之间的陌生感，拉近了彼此的距离，赢得进一步交流的机会。

销售高手在与客户的沟通过程中，便可通过客户的言辞、行为举止知道客户对什么感兴趣、对什么反感，抓住客户感兴趣的关键话题，就等同于把握住了销售的要害之处，在这样的基础之上，再加以说服，就很容易与客户产生交情，进而促使销售成功。

赞美的正确打开方式

每个人都渴望得到他人的重视和赞美。每个人都觉得自己有值得夸耀的地方，你的客户也不例外。在销售过程中，如果你能恰到好处地赞美你的客户，你将很容易获得客户的好感，并促成交易。

有一位老人到一个家具城选购家具，最后，他将目光停留在一套黑色的真皮沙发上。

见此情况，店员立即微笑着上前说道："您好，您真有眼光，一眼就挑中了今年最新款，这款还有其他两种颜色，您要不要看一下？"老人没有理会店员，只是继续看着沙发。

店员又继续说道："这套沙发是真皮的，而且无论家里是什么样的装修风格，它都很合适。"

老人："我只是来看一下。"

店员："您的肤色看起来很健康。您经常做户外运动吧？"

老人："也不是，年纪大了，很多运动都做不了，只能偶尔散步。"

店员："是吗？那我也要建议我叔叔多散散步了，他和您年龄差不多，可是看起来您就健康多了。我叔叔现在身体并不是很好。"

老人："哦……"

店员："想想你们成长的那个年代真的是艰苦。那时候几乎全世界都在打仗，我叔叔参过军，您也一样吧？"

老人："嗯，我参加过抗日战争，真的很艰苦。"说到这里，老人的眼睛里闪动着兴奋的光芒。

店员："是啊，而且这一打就打了很长时间，不过，要不是你们，哪有我们现在的美好日子啊！您打仗的时候一定很厉害吧？"

老人："呵呵，还行吧，倒是和战友们打了不少敌人，缴获了不少武器。"

店员："那您可真是太了不起了！"

老人："那是我一生中最快乐的日子，光荣呀……"

店员："嗯，是呀，正是您的功劳，使现在我们这些后辈能安居乐业，也使您的家人能在漂亮温馨的家里快快乐乐地过日子。"

老人："现在看来是这样，说起家，我家正好缺少一套好沙发，你拿样品册来让我选选。"

销售人员也是这样的，会讲解产品的销售人员只是中等水平，会赞美客户的销售人员才是最优秀的。如果只会报怨产品，报怨公司，甚至报怨自己的未来，这样的销售人员也就没有必要去拜访客户了。

赞美能够满足客户自我炫耀的心理，使其感受到自身的价值。当你让客户产生强烈的自豪感后，客户在潜意识中便对你产生了亲切感，就会用行动来回报你的赞美，进而成为你的长期客户。要想准确、恰当地赞美客户并非易事，赞美过了头或程度不够都会令客户厌烦，当然也就难以促成交易了。那么，怎样才能得当地赞美客户呢？具体来说，需要做到以下六点。

①即使是赞美也要和客户互动，不要只让客户一个人讲述自己的光辉史，也不要自顾自地说赞美的话而完全不注意客户的反应。

②学会从和客户寒暄的话中即兴取材，自然得体地赞美客

户，这样一方面可以和客户联络感情；另一方面可以为下一步的正式销售打下基础。

③在销售的过程中，如果客户对你或者产品提出了某些意见，千万不要因此而对客户产生抵触情绪，要适度地反省自己，然后赞美客户提出的意见很有价值、很合理，并且表示一定会改进，这样可以稳住客户的情绪，以便于进行委婉劝说。

④赞美要真实。在实际销售中，常常会有一些销售员为了完成销售工作而使用客套的赞美之词，不分情况地对客户进行赞美。譬如赞美皮肤状况差的女性皮肤好，赞美身材胖的男性挺拔等。其实销售员不切合实际的赞美或毫无诚意的赞美，不仅起不到活跃沟通气氛的作用，反而会让客户感到厌烦，因为这样的赞美如同取笑客户。

⑤赞美切忌空泛。抽象的东西往往难以给人留下深刻印象。比如，销售人员只是含糊其词地赞美客户，说一些"你的工作非常出色"或者"你是一位非常卓越的领导"等空泛的话语，这根本不能引起客户的好感，甚至会产生不必要的误解和信任危机，最终导致交易失败。不如这样说，"你的工作报告写得非常具体实用""大家都很佩服您的气度"等。

⑥找到别人没有发现的优点进行赞美。在赞美客户时，销售员通常会为一些模式化的赞美之词所控制，例如看到大眼睛的女孩，总是习惯性赞美"您的眼睛真大"。其实，作为大眼睛女孩，一定在很多地方听过同样的赞美，如此反复地听到别人对自己眼睛的赞美，她也就会慢慢习惯了，不会再为别人说自己眼睛大而欣喜万分了。

其实，每个人都有一种希望别人注意到他不同凡响之处的心理。因此，在赞美客户时，如果能满足这种心理，去观察、发现他与别人的不同之处来赞美，往往能取得意想不到的效果。例如，对于大眼睛的女孩，如果你能换一个角度说"你的眼神真美"或者说

"一看你的眼睛就知道你是一个很有灵气的女孩"，如此就能给对方带来不同于以往的优越感，从而让她更愿意与你展开交谈。

总的来说，在销售过程中，赞美客户是必不可少的环节，它能够帮助你打开客户的心灵之门，为成功销售打下基础。

不动声色的力量——小步靠近

美国社会心理学家弗里德曼和他的助手在 1966 年曾做了这样一个有趣的实验。

首先，弗里德曼派一位助手去登门拜访一组家庭主妇，声称他正在为"安全驾驶委员会"工作，希望得到主妇们对这一运动的支持，请她们帮一个小忙：在一份呼吁安全驾驶的请愿书上签名。大多数主妇认为这是一件利人利己的事，加上签个名也并不麻烦，所以，都爽快地签了名，只有个别人拒绝了。

过了几天，弗里德曼又派这个助手去登门拜访一组家庭主妇。不过，这次他除了拜访第一次拜访过的家庭主妇之外，还拜访了一些以前从未拜访过的家庭主妇。助手这次带的是写着"谨慎驾驶"四个字的大招牌，他的任务是请求那些家庭主妇把这块牌子竖在她们各自的庭院里。

这个大招牌看起来很笨拙，竖立在庭院里有些不协调。此要求显然有那么一点点过分，那些被拜访的家庭主妇们究竟是会答应，还是会拒绝呢？

最终的结果是，在那些曾经同意在请愿书上签名（一个小要求）的家庭主妇中，有 55% 的人接受了在自己庭院里竖这块牌子（一个大要求）的要求，而在那些从未被访问的家庭主妇中，只有 17% 的人勉强接受了该项要求。

其实，日常生活中也经常出现这种现象。在你需要得到别人的帮助时，如果你上来就提出较高的要求，则往往容易被拒绝；

而倘若你先提出较低的要求，在较低的要求被对方接受后再去适当增加要求的分量，则成功的概率就会很高。这种现象就是被心理学家定义的"登门槛效应"。

人们在进行消费的时候，不可避免地会受到"登门槛效应"的影响。例如，你正走在繁华的街道上，两边是数不胜数的服装店，你并没有要买衣服的打算，但是突然有家店门口的售货员对你说"进来看一下吧"，你就会想："看一下又无大碍，反正也没有别的事情。"于是你接受了对方"并无大碍"的要求，抬脚迈进了那家服装店，这时，热情的售货员又说："喜欢就试一下吧，不买也没关系。"于是你也会想："既然不买也没关系，那就不妨试一下吧。"又一个"无大碍"的小要求被你接受了。当你穿上以后，售货员不失时机地说："带走一件吧，穿在您身上多合适呀！"你感觉这衣服穿在身上虽然不是非常好看，但也的确不难看，再加上售货员热情周到的服务，你便不好意思拒绝了。由此可见，循序渐进是攻破人的心理防线的最行之有效的方法。

心理学家告诉我们，登门槛效应之所以存在，是因为从心理学上讲，每个行动都有行动的最初目标。多数情况下，由于人的动机很复杂，因此人们总会面临各种不同目标的比较、权衡和选择。在相同的情况下，那些简单容易的目标往往较容易被人接受。也就是说，当别人提出一个看起来有些"微不足道"的要求时，人们往往可以在心理上予以接受，有时甚至出于"无大碍，近人情"的考虑而不好意思断然拒绝。可是，一旦这个"微不足道"的要求被接受后，就好比一只脚已经跨入了门槛。通常情况下，人们还会有这种思想：一只脚都进去了，又何必在乎整个身子都进去呢？因此，一旦人们跨入这种心理上的门槛，就不会轻易做出抽身后退的举动。再加上由于后来的更高的要求同之前的小要求有了继承关系，使得人们已逐渐适应这种有承接关系的要求，从而在心理上失去了戒备，这也就降低了可能出现的心理判断和对抗。其不断服从后，便会忽视对方逐渐提高的要求已经大大偏离了自己的初衷。另外，每一个人都希望给别人留下一个前后一致的好印象，不希望别人把自己看成"喜怒无常"的人，因而在接受了别人的第一个小要求之后，再面对第二个更大的要求时，如果这种要求给自己造成的损失并不大，往往会有一种"反正都已经帮了，再帮一次又何妨"的心理，于是"登门槛效应"就产生并发生作用了。

不仅是对他人，"登门槛效应"对销售人员同样具有影响。人们常说，"一口吃不成胖子""心急吃不了热豆腐。"销售人员更应该明白这个道理，什么事都不能太着急，你不可能今天刚涉足销售，明天就成为销售精英、销售总监。每个处于巅峰的人都是一步一步爬上去的。因此，无论是对客户，还是对自己，都要有耐心，要一步一步地走向成功。

说得多不如听得多

古希腊著名的哲学家苏格拉底曾经说过："上天赐给人类两只耳朵、两只眼睛，却只有一张嘴，就是要多听多看少说。"寥寥数语，就形象而又深刻地强调了倾听的重要性。销售中需要双方的沟通、讨论，销售员如果只注重于说出自己的想法，却不倾听客户的想法，将无法探知客户的底线和真实意图。因此，是否善于倾听，关系到能否取得有利于己方的结果，也关系到能否取得最后成功。

在销售的过程中，只有善于倾听的人才能在客户的话语中找到自己需要的信息，才能找到赢得对方的突破口。如果不懂得倾听客户的心声，很可能会招致对方的反感，他们或者不愿意交谈，或者与销售人员针锋相对，这样一来，销售将无法顺利进行下去。下面的事例就证明了这一点。

一次，乔·吉拉德销售某品牌的汽车时，接待了当地一位知名的企业家，这位企业家很有经济头脑，虽然学历不是很高，但是白手起家。乔·吉拉德同往常一样，给这位企业家做了最详尽的产品介绍之后就推荐了几款最好的车型。乔·吉拉德原本以为是一个顺利的交易，结果却令他失望不已，这位企业家最终并未购买。

那天晚上，乔·吉拉德痛苦难眠，左思右想也不明白问题出在哪里。他始终认为自己和平时一样专业，为什么没有成功呢？于是，他拨通了那位企业家的电话："先生，很抱歉打扰您，我想问问您今天有满意的车型吗？"

"当然有。"那位先生毫不含糊地说。

"那您为什么没有购买？"乔·吉拉德迷惑不已。

"你开玩笑吗？你不知道现在已经很晚了吗？"对方显然有点不耐烦。

"哦，我非常抱歉。可是请您告诉我原因，对于一个失败的销售员来说，这非常重要。"

"真的吗？"

"我肯定，希望您告诉我！"

"行，你在听吗？"

"非常专心，我保证！"

"可中午的时候，我看你并不够专心。"企业家继续说。原本他打算要买的，那车整体是很符合他个人需要的，然而最后一秒钟他迟疑了，不是别的，就是因为他发现他讲什么乔·吉拉德都没有用心听。这使他觉得不被尊重，于是他扬长而去。电话那头的乔·吉拉德回忆了一下，当时他的心思全在另一位销售员身上，因为那个销售员讲了个很有趣的笑话。

也许有些销售员会很奇怪，客户是来买东西的，又不是来找人聊天的，客户讲的话和我要销售的产品有什么关系呢？实际上，他们忘了一个基本情况：客户其实是需要被关注的，而关注的方式就是倾听，聆听客户说的话。

当你面前的客户在表述自己看法的时候，销售人员则要仔细聆听。这虽然很简单，却被很多销售人员忽视。只有客户乐意谈话，销售活动才能持续进行，销售才有可能成功。

聆听看似简单其实不然，首先表情一定要专注，你可以不时地用"哦""嗯"等回答客户，表示你在认真聆听他的话，也可以对其谈话的内容进行重复或者适当发问，这样做能使你表现得足够诚恳，客户内心自然就会满足了，自己得到了关注，那么合作的机会就会变得很多。

我们身边很多销售员都只知道打开自己的话匣子，耳朵的"门"却早已关上了。因此，他们的销售业绩总是不佳的。专业的销售员知道既要打开话匣子，也要打开耳朵。优秀的销售员善于倾听，在同客户的沟通过程中，要明确"说"与"听"的重要性。

其实销售过程中要更用心思在"听"上面，听客户谈自己的理想、需求，以及高兴或不高兴的事情，在听的过程中再把这些有效信息迅速整合，发掘客户还没表达出来的想法，并给予补充或者是采取一些补救措施。要注意的是，在听的过程中绝对不要受到外物的侵扰，否则客户会很容易认为你不够专心，这样你就会失去成功的机会。

一个优秀的销售员在销售过程中并不急于发言，而是让对方先开口，等对方陈述完毕，经过分析思考再发言。如此建立在倾听基础上的发言才能抓住客户的心，才能为自己争取到销售中的优势。

那么，一名善于倾听的销售人员需要注意哪些方面呢？主要有以下几点。

（1）身体稍微前倾，保持警觉的身体姿势。

（2）认真听客户讲的话，尤其是弦外之音。

（3）思考客户为什么这么说。

（4）保持与客户的眼神接触。

（5）经常点头，表示你在认真倾听。

（6）适当地记笔记，既可表示你在认真倾听，又可帮助你更好地回忆客户的讲话内容。

（7）常提问，确认自己的理解正确；当话题过分偏离主题的时候，控制谈话进程；不明白时要主动询问细节。

我们每个人都很希望得到别人的关注，换句话说，我们都希望自己所讲的话别人乐意听、喜欢听。你的客户尤其如此。"说话是银，沉默是金"，沟通过程中，必要时保持沉默会很有价值，你的沉默可以让客户认为你为他所讲的内容所吸引，并为你自己赢得时间来揣摩客户心思，何乐而不为呢？

总之，在销售过程中，倾听客户的心声是很重要的，只有善于倾听才能在客户的话语中找到自己需要的信息，甚至从中获悉其真实意图、心理底线等关键信息。有了这样的良好基础，才能更好地实现销售的目标。

别被"谢绝销售"吓住

销售员在销售活动中经常会被客户无情地拒绝。大多数情况下，一旦客户拒绝，销售新手就会不知所措、败下阵来，但销售高手面对拒绝也会有一套自己特殊的解决方法。

看到"谢绝销售"的牌子，多数销售员就会放弃上门销售了，但这对于销售员来说，毫无疑问是一个大忌。因为现在每个写字楼几乎都挂着"谢绝销售"的牌子，要是你一见到这种牌子就止步，那你就会连一个客户也找不到。面对"谢绝销售"的牌子，你是怎样想的呢？其实，很多挂着这样牌子的公司，他们自己也会派销售员上门销售的。

我们来想想看，一家销售复印机的公司、一家保险经纪公司或者一家临时雇员服务公司挂"谢绝销售"的牌子出来，简直是有些装模作样。

"因为进门的时候我往往走得飞快，所以就看不见那些牌子了。"辛迪·巴拉尔说。他是埃尔室内景观设计公司的经理。"自从1976年我开始做陌生拜访时起，就从未被这个牌子难倒过。"他说。

波尼快运公司的厄尔·科金斯说："假如一家公司告诉我：'我们不接待销售！'我会说：'我只不过是想帮你们省些钱。'他们通常会立即回答：'啊，快请进吧！'"

"有许多办公楼在刚建好的时候就会挂一个这样的标示牌在大门上，"大陆广告公司的理查德·赫德说，"我想它或许可以把其他的销售人员吓住，可这对我来说是没有用的。我看都不看它一眼，也从未遇到任何麻烦事。"

鲍勃·迪拉尔销售公司的鲍勃·迪拉尔说："我利用打电话的方式做陌生拜访，这样我便不必理会那些'谢绝销售'的牌子了。"

皇冠资源公司的总裁沃德·诺里斯说："每家公司都挂着这种牌子，但这丝毫不能影响我。假如他们跟我说：'我们不是写了拒绝销售吗？'我会说：'我一直在认真想着和你们见面，所以并没有看见什么牌子。'"

卡罗莱纳集装箱公司的马凯·凯博会这样解释："在进来之前我刚好摘掉了眼镜，所以没看见。"

从事电脑销售的汤姆·巴尼特说："若是有人对我说：'我们不是写了拒绝销售吗？'我会转身就走。不过好多回里也碰不到一回，这种概率很低。"

一项针对"早起者领导俱乐部"（该俱乐部是英国夏洛特市周围最大的一家纯销售领导协会，会员包括销售人员和企业主管）所做的调查显示：在参与调查的 32 个人里，只有两位表示他们会尊重"谢绝销售"的牌子；另外两位说他们如果看到这种牌子就不会走这条道了，而是从其他楼门进去；其余 28 个人（87.5%）则说他们根本不把这些当回事。

可以看出，凡是来自合法经营公司销售人员都认为：这类"谢绝销售"的牌子不是针对他们的。有了这种想法，你就能够勇敢地越过"谢绝销售"的障碍。

由此可见，不将客户的拒绝看成是针对自己的拒绝，这样才能将销售继续开展下去。可是，对于那些具有针对性的拒绝，销售人员又应该怎么处理呢？

"防患于未然"就是解决客户拒绝最简单的方法，将客户拒绝的苗头扼杀在萌芽之中。在面对客户时，经验丰富的销售员是完全可以了解客户拒绝购买产品的理由的。世上的事都有其规律性，客户拒绝购买商品也是一样的，销售员一旦发现蛛丝马迹，就应该立刻采取行动，在客户拒绝之前，对客户会拒绝的事项提前给予合理的解释。还有的客户虽然表面上没有直接拒绝，但是从他们的神情、动作，以及说话方式上可以看出他们已经不满，此时销售员更应该抓紧时机，及时给予解释。

有些时候，客户的拒绝其实未必就是真正的拒绝。例如，一位月薪明明上万的客户告诉你："你的产品那么贵，我可买不起。"这样的拒绝实际上只是敷衍，像这样的客户有好多，一个优秀的销售员应该继续对其进行说服，其实他们还是有购买产品的可能性的。而某些情况下，客户完全是为了通过拒绝这种手段达到其他的目的。例如，有的客户会说"这件衣服的颜色不够明艳"，其实客户的真实目的不是不想买，只是想通过瑕疵让销售员降价。

只有学会聪明地应对客户的拒绝，才能成为一个优秀的销售员。首先，了解清楚客户拒绝的性质属于哪一类，掌握好这一点后，再迅速找出应对的方式，变拒绝为同意，把握住销售的主动权，进而成功销售。一定要记住，永远不要让拒绝成为答案。

搭个梯子去摘"客户"

在生活中，我们常常会觉得和第一次见面的陌生人距离很远，无话可说，但是假如我们和陌生人都认识某一个人，就会感觉彼此之间的距离立即缩小了很多，能聊的话题也逐渐多了起来，这就是"熟人效应"。其实销售的过程也是类似的。第一次向客户销售自己的产品时，你和客户之间也是陌生人，并且很可能你还是不受欢迎的陌生人。怎样才能拉近与客户之间的距离，让客户接纳你呢？不妨采用"熟人效应"。

在向客户销售之前，先调查客户接触的人，看看其中有没有自己熟悉的人或曾和自己打过交道的人，在和客户见面时，先谈谈这些认识的人，不仅能很快展开话题，还能缓解客户的戒备心理，为接下来的销售铺好路。下面事例中的劳伦斯就是因为这一点才销售成功的。

劳伦斯是美国纽约的一名销售员。他曾经受雇于一家著名的汽车公司，在刚进入汽车公司时，他的销售业绩并不好，甚至常常因此被老板批评。但是劳伦斯是个执着的人，他相信自己一定能做好，只是暂时还没有找到销售的窍门。之后，他一直努力研究怎样才能吸引客户的注意，而不是一开口就被拒绝。他实践过很多方式，例如，开门见山地介绍自己的产品，但是当对方知道他是销售员之后，便立即拒绝了他；他试图在介绍产品的时候，增加趣味性，但是效果显然也不怎么理想……一次偶然的机会，他找到了亲近客户的好办法。

　　那天，劳伦斯像往常一样上门销售，在他快要走到客户家门口时，他的朋友杰克从客户的家里走了出来。他本来想跟杰克打招呼的，但是杰克很快开车离开了。劳伦斯按响客户家的门铃，客户走了出来。当时劳伦斯开门见山地问："先生，您认识杰克？"对方有些惊奇，劳伦斯接着说："我是杰克的好朋友，我叫劳伦斯。"对方赶紧给劳伦斯开了门，并邀请劳伦斯一起喝茶，两人聊了很多关于杰克的话题。劳伦斯见机对客户说："不瞒您说，我是一名汽车销售员。听说您想换一辆车，所以就来拜访您。我们公司提供很多车型，如果需要您可以联系我。"

　　经过前面的寒暄之后，客户也不好再拒绝杰克了，况且自己原本也打算换一辆车，于是约好劳伦斯去看车，并经过劳伦斯的介绍，买到了一辆价格合适，自己又非常喜欢的车。劳伦斯也做成了自己的第一笔生意。

　　通过这件事情，劳伦斯总结出了一个经验，那就是利用熟人和客户展开话题。之后他便一直利用这种方式去接近客户，果然被拒绝的概率大大降低。

　　的确如劳伦斯总结的那样，利用共同的熟人往往容易展开话题。随着谈话的展开，就能逐步降低客户的心理抗拒程度，并能迅速拉近和客户之间的距离，这对于促成交易是非常有利的。

　　下面的案例则通过公司内部员工的关系来扩大客户来源。

　　世界各国的旅游业都在想方设法利用各种力量，发掘新的商业机遇。新加坡的洲际酒店集团（IHG）提出了一个名为"亲朋好友"friendsandfamily 的计划，鼓励集团在世界各地 4150 家连锁店的员工，用每个人的 twitter 销售酒店客房。新的全球"亲朋好友"计划，以折扣价格向员工的朋友和家人提供全世界各地洲际酒店的客房预订优惠。

　　所有员工在 IHG 的内部网上注册后，都会收到一封电子邮件，上面有一个独特的网站地址链接到每个人的酒店预订页面中。员工们可以将这个链接转发给亲朋好友，亲朋好友通过链接进入员工的个人页面，能以独享的优惠价预订客房。这个计划刺激了集团在世界各地的 33 万名员工，大幅度增加了客户来源。

案例中，酒店并没有从外部客源入手，而是将已有的员工作为出发点，通过网络渠道，为酒店做了一次免费的广告，并且吸收了大量新的客户资源。这种内部员工介绍的客源相比于外部客户所介绍的客源，更容易成为酒店的忠实客源。

不过，要想跟客户有共同的熟人并非易事。那么，怎样才能做到这一点呢？不妨从以下几个方面做起。

①广结人脉。人脉在一定程度上和销售业绩直接挂钩。认识的人越多，也就意味着在和客户交谈时，可利用的熟人越多，你和客户之间的距离也会越近。熟人越多，你们可以交谈的话题也会越多。

②寻找熟人。就是在拜访客户之前，先找到和客户共同认识的人。这是很重要的一步。这个过程看似简单，实际上并不简单。首先，你要了解客户，知道他有哪些特殊的爱好，经常会和哪些人在一起；看看客户经常接触的人中间有没有你认识的人；最后，如果没有认识的人，就要从客户认识的这些人出发，找找他们的人脉关系，找到一个熟悉的人。

③通过别人的引荐去认识客户熟悉的人。这可以解释为从人脉中找人脉，也就是说，想要制造熟人效应，可以试着通过自己的人脉去接触客户身边的人，和他们成为朋友。

④在和客户交谈时，最好不要开门见山地说："我认识XX。"最好无意间提起一个熟人，这样效果会更好。

总之，想要打开客户的心灵之门，就要善于利用"熟人效应"，拉近和客户的心理距离，这样才能最大限度地减少被拒绝的可能性，才能为成功销售做好铺垫。

不谈交易，谈交情

　　"你这么热情地跟我套近乎无非就是为了我的钱，我不是涉世未深的小孩子了，这点小伎俩我还是能分得清的，快走吧，别在这烦我了！"你知道吗？很多客户心里的真正想法就是如此的。

　　你在极力向人推销产品的时候是不是就是像客户想的那样呢？如果答案是肯定的，那么你的销售开展起来一定不那么顺利。如果你是客户，也会反感、抗拒这样的人吧？

　　要想在销售这一行做出成就，你就必须学着体会一些除了钱之外更重要的东西！

　　"你越关怀你的客户，他们就越有兴趣和你做生意。"关怀是一种自内心而发的真挚感情，情感的力量是强大的，有时候比商品本身、商品价格、交易规模都要重要。一旦客户认定你是真正关怀他，真心为了他考虑，不管一些细节如何变换，他都会向你购买商品。

　　彼得是一家房地产代理公司的销售员。这家公司除了销售二手房外，还会代理出租房。这项工作非常累，几乎每天都有人打电话给彼得，希望他能带他们看一下房子。为了自己的工作，彼得有时候一天要去好几个地方，但是最后却没有达成协议。这让彼得非常泄气，尽管如此，他也从来不在客户面前表现出来。每当客户表示抱歉的时候，彼得总是微笑着说宽慰对方的话。

　　后来有人问起彼得："你带着客户看房子。花费了很长时间，也耗费了很大精力，而对方仍然觉得不满意你不生气吗？"

于是，彼得给他讲述了一件自己亲身经历的事情。

那时候他刚刚进入销售行业，有一天他接到了很多电话，都是要求看房子的。彼得带着这些人看了一上午的房子，但是最终都没有谈成。彼得非常生气，他对自己说："如果下一位客户也是这样的，我一定不给他好脸色看。"接着一个女孩打来了电话，要求看房子。

彼得像往常一样带着女孩看了房子，但是由于种种原因，仍然没有达成协议。女孩满脸笑容地说："谢谢你陪我看了这么久，还有，很抱歉没有租你的房子，不过下次有机会，我一定找你。"

看着面前这个满脸微笑的女孩，彼得有些无奈，觉得这一天算是白费了，随即他又安慰自己说"就当陪朋友看房子吧"。这样一想，彼得的心情一下就好了起来，他也笑着对女孩说："没有关系，您别觉得不好意思，您就把我当成陪您看房的朋友。有事朋友服其劳，理所当然！不是吗？"

没想到这简单的一句话给他带来了巨大的效益，在接下来的半年时间里，不断有人找彼得租房或者买房，彼得的销售业绩迅速上升，而能有这样的业绩，很大程度上都是那个女孩的功劳。因为彼得的客户中有很大一部分是那个女孩的亲友或者是亲友的亲友。

这位销售员的成功之处在于巧妙地通过"朋友"这个概念沟通了自己和潜在客户的心，使客户与自己拥有了某种情谊，这就为开发和打动客户做好了铺垫。

销售员想做到以"情"打动客户并非易事，往往需要付出一定的努力。具体而言，需要在以下两方面做出努力。

（1）把客户当成朋友

与新客户先做朋友再谈销售，是赢得客户最具功效的秘诀。初次与客户接触时，很多客户本来就不信任你，此时绝不可摆出做销售的姿态。在销售过程中，与客户做朋友是接近新客户的一种重要方法。如果你言语中表现得十分诚恳，从关怀的角度出发，客户就有可能放下戒备心理，真正地接受你。比如，你可以说："王先生，也许您不知道，我很喜欢交朋友，并不是卖保险的人所交的朋友都是买保险的客户。""王小姐，您不购买我的产品没关系，既然有缘认识就是朋友。这是我的名片，有什么需求可以随时联系我。""今天见面只是为了交个朋友，如果您觉得我这人值得交，以后也可以把我介绍给您的朋友认识。"

（2）与你的客户建立长期关系

很多销售人员总是埋怨新客户对他们不理不睬，十分冷淡。其实，反思一下，很多问题出在自己身上。可以说，销售行为都是建立在长期情感沟通的基础之上的，一个陌生的客户认识销售人员及一个产品的认识往往需要一个过程。当对方对你的一切都有所了解的时候，就会很快地接受你和依赖你。此时交易完成就是水到渠成的事情了。所以，一个销售员能否同客户建立起良好的关系，将会直接关系到他长期的业绩。

总之，销售人员要想尽一切办法，在销售产品之前与客户成为朋友，或者结下某种情谊。在客户与你结下某种情谊之后，他们就会加倍信任你，从而愿意接受你的产品或服务。如此一来，你就能够以"情"打动你的客户，这对于开发新客户和实现销售是至关重要的。

帮客户省钱，让他的每一分钱都物有所值

　　"将赢利作为唯一目标"这样的商场名言相信不少人都听过，当然这也确实是很多商人经商的出发点，甚至不惜损害客户的利益只是为了获取自己的利益，其实当客户的利益受到损害时，他们很快就会对商人的诚信产生怀疑，这样的怀疑会伴随在之后所有的交易行为中，客户在面对你的销售时保持的是怀疑的态度。在这种状态下，生意还能做得起来吗？生意不好做，销售量自然上不去，随之而来的就是企业经营出现问题，自此产生恶性循环，这就是以牺牲客户利益为代价来谋取私利的后果。

　　在自己赚钱的同时考虑到客户的利益会使企业进入良性循环。作为一个销售员，要明白的是只有能为客户省钱，自己才有可能赚钱。

　　使自己与客户站在同一战线上，是销售员首次与客户沟通时就应该做的。不要只想着自己的目标是销售产品，而应把客户当成自己的伙伴，并肩作战的伙伴。销售时，要为客户提供可以省钱的方法，要站在客户的角度考虑问题，把客户的问题当成自己的问题，把客户将要花的钱当成自己将要花的钱，那样做，你就会帮客户节省开销。当一个销售员能够为自己的客户提供让他省钱的建议，这样便可以得到客户的信任，双方的沟通才能顺利。

　　李女士到国外出差，工作结束后临近回国时，李女士到附

近的商场打算给自己的两个女儿带一份礼物回去。她走进商场里的玩具店，看中了一款芭比娃娃。李女士问销售人员这一款的价格是多少，打算买给自己的两个女儿。

销售员说："您真有眼光，这是最新款，100美元。"

李女士犹豫了一下说："有一点贵，还是算了。"

销售员见状连忙说："这一款由于刚刚上市，是最新款，所以定价稍微高一些，您不妨看一下这一款，这一款和最新款是一个系列的，也是热销款，很受小孩子的喜欢。现在我们店正在搞活动，打三九折。"

李女士看了一下，觉得各方面都挺合适，就买了两个这款的芭比娃娃。

这个事例说明了，帮客户做正确的决定就是让客户信任你最简单的方法。当客户发现你的决定是正确的，就会对你产生好的印象，长此以往，客户便会信任你。当然，做销售要时刻记住一个原则：你的职责是为客户提供产品和服务，不是给客户当老师；你的存在是为客户解决困难的，而不是为客户制造麻烦的。在销售活动中，以客户的利益为自己的利益，就能赢得客户的信赖，那么客户也有可能成为你不用花钱请的"宣传员"。

随着社会的发展，陈旧的消费观念早已改变，过去的单纯追求价值的消费观念已经过渡到追求精神上满足的消费观念。为客户节省的钱越多，为客户考虑得越周全，客户在你这里买单的机会才会越多，你才能立于销售的不败之地。

客户心里的"千山万水"，你得懂

谁懂得迎合客户的心理，谁就能把产品卖出去，谁的业绩就能好。因此，作为销售人员，你需要了解客户的心理变化。一般来说，终端客户的心理变化可以分为五个阶段，每个阶段都有各自不同的特点。如果你详尽地了解客户的这五个心理阶段并加以把握，便能在很大程度上提高你的销售成功率。

（1）戒备心理期

一开始接触销售员的时候，客户往往会产生一种戒备心理，这种心理状态大约会维持8分钟，之后就会向接受你或者拒绝这两个截然不同的方向发展。这个阶段是销售员最难突破的阶段，此时客户对你并不信任，而你所要做的就是在客户的重重猜疑下，与客户建立起双方的信任关系。例如，客户会问"你们的产品正规吗""各种手续都齐全吗"等一系列充满猜忌的问题。针对这种情况，首先，你可以事先将准备工作做好，如准备一些产品的证书、客户意见反馈等资料。其次，无论客户怎样挑剔，你都要保持良好的服务态度，要耐心并细心地解答客户的每一个疑问，千万不要表现出不耐烦。这样，8分钟过后，客户就可能会认同你，你才能开展下一步的销售工作。

（2）拒绝心理期

在客户对销售人员产生认同感以后，开始与销售员交流，但是其拒绝意图仍然非常明显，毕竟，把钱从自己口袋里掏出来的确是一件不怎么让人愉快的事情。虽然客户已经相信产品是正规的，但却又开始质疑产品的质量及售后服务等问题，尤其当你的产品不是名牌、是名不见经传的小厂家生产的，客户的拒绝就会更加明显，态度也很冷漠，他们通常会说："我们不需要这个"、"以后再说吧，现在这个对我们来说没什么用""我都用名牌产品"等。此时，客户的心理正处于一个很关键的过渡阶段，你一定要把握住机会，争取让客户对你所销售的产品改变观点。具体来说，你可以从以下几个方面进行努力：你可以将自己的产品和其他同类产品做比较，从思想上引导客户趋向于选择你的产品；用价位打动客户，让客户觉得选择你的产品是最经济、实惠的。你可以这样说："与名牌产品相比，其实在质量方面我们一点儿也不逊色，绝对有质量保证，但是价格却要低很多。您之所以买名牌，也是因为名牌产品有质量保证。既然现在能够花更少的钱，获得同样的质量保证，您为什么不考虑一下呢？"

打消客户的这种拒绝心理大概需要 10 分钟。在 10 分钟内，你一定要自信且耐心地引导，当你给予客户相信你的产品的充分理由后，绝大部分客户都会进入第三个心理阶段——心理尝试期。

（3）心理尝试期

客户进入心理尝试期，说明其防备心理逐渐瓦解，但仍然存在。因此你不能掉以轻心，功亏一篑，你的一言一行都要把握好尺度。此时大多数客户都开始关注产品和咨询相关信息，客户通常会问："你们产品的使用效果怎么样，怎么使用""产品的保质期是多久"等，你会发现，客户问的问题多了，并且当你回答的时候，他们也不再不耐烦。而你的应对应该更加冷静沉着，回答要果断，眼神要自信。

（4）心理接纳期

当你将客户的问题一一解决之后，客户就会进入第四个心理阶段——心理接纳期。这时客户已经有购买意向，客户通常会说："我先买一点试试，好的话再接着买。"显然，客户虽然打开了心扉接纳产品，但他们仍然抱着观望的态度，对产品的信心并不十足。因此，你需要做的就是进一步加强客户对产品的信心，你可以说："许多客户都反映产品效果很好，所以我建议您可以多订一些，或者我给您一张名片，需要产品的时候随时可以打电话给我，我会给您送上门的，这样您会更方便些。"从长远来看，这样做有利于你将对方培养成为你的忠实客户。

（5）心理成熟期

这个阶段是收获期，此时客户通过多次购买你的产品，无论是对你，还是对产品都已经完全认可了。客户和你的相处就像是朋友间的交往，他们会亲切地称呼你，语气也很温和。当你向对方推荐产品的时候，只要是他需要的，他就会毫不犹豫地掏腰包，也不会在数量和价钱上和你斤斤计较。然而，你必须更殷勤地维护你和客户之间的良好关系，要加强和客户的沟通，如在节假日或客户生日的时候送上问候或者在产品打折优惠时及时地通知客户，这样才能让客户感到温暖、使其与你之间的心理距离越来越近，而你的销售工作也会越来越轻松。

把握好客户消费心理的五个阶段，在不同的阶段采取不同的策略，细致入微地做好复杂的销售工作，这样才能拥有自己的忠实客户，长久地保持较高的业绩。

第五章
好销售员就像造型师，
其所有商品都有吸引力

　　商品比客户多，销售比采购多……做销售，当下面对的就是这样一个狼多肉少的情况。再加上"见得多、用得多"，仿佛很难有商品再入得了客户的眼。有的销售员束手无策，但也有销售员懂得根据客户的心理来推荐商品、包装商品，让商品突出重围，牢牢抓住客户的心。

他关注什么你就推荐什么

产品功能是一个产品的基本属性，无论客户是否需要，它都客观存在。但是，很多客户在选择和购买产品的时候，会加入主观感情。他们可能会喜欢这一方面，而不喜欢那一方面，可能看重这一方面，而对那一方面却无法容忍。这就需要销售人员在向客户介绍产品功能时要有针对性、选择性，根据客户的关注点进行介绍。下面事例中的销售员就是因为做到了这一点才销售成功的。

一家汽车公司的销售员想要去拜访一位客户。听说这位客户是一家建筑公司的总裁，他心中十分兴奋。

第二天一大早，这位销售员就开车出发了，穿过城市繁华的街道，进入乡村，终于在一片荒凉的地方停了下来。这里遍地都是零乱的建筑废料，他没想到这就是客户约他见面的地点。

当他到达客户公司的办公室时，简陋的办公桌、低档的办公设备，让他的心沉到了谷底。原来这是一家刚刚成立的公司，这个公司的老板就是他的客户。当他坐下来，准备介绍产品时，他临时改变了预定的方案。

看到此情此景，这位销售员想起了客户在电话里说自己想买一辆比较实用的汽车。本来他为对方准备了一辆高档的福特汽车，现在他决定将介绍重点转移到小型的、更加省油的车型上，没想到，客户听后非常满意，当即签订了意向合同。显然，客户既想买一辆车，又不想过于铺张浪费。

其实，有时候，客户之所以对产品感兴趣，并不是对产品功能有多么全面的了解，而是被某一点吸引了。事例中客户的关注点就在于"实用"，因而在销售员向他介绍小型、省油的车型后，他非常满意，并当即签订了意向合同。可见，销售人员在向客户介绍产品的时候，不但要熟记产品本身的功能，更要学会观察客户，根据客户的关注点来重点介绍产品的某一个或几个功能。只有当你的介绍与客户的关注点画等号时，产品的功能才能起作用。

在销售过程中，向客户介绍产品功能是非常好的一种销售方法。很多销售人员却不能有效地运用这个方法，不能很好地把产品功能信息传递给客户。为了掌握这一方法，销售人员应该做到如下两点。

①产品优势是针对客户的需求而言的。产品功能是一个静态的概念，只有结合客户的需求才能体现出其价值来。如果客户没有这方面的需求，你介绍再多对他来说也没有意义。所以，销售人员在向客户介绍某产品的功能时，一定要先了解对方的关注点，知道对方需要什么，然后根据其需要"投其所好"。

那么，怎样才能获知客户的关注点呢？其实，这里只有一个诀窍，那就是站在客户的角度去想问题。也就是说，销售人员一定要真正地关心、重视客户，了解他们内心真正的想法，通过观察他们的眼神、肢体语言等洞悉那些他们想说而没有说出的话。只有这样，才能准确找出客户的关注点。

②对目标客户进行定位。客户的需求是千变万化的，如何根据客户的需求来描述产品的优势呢？这就要求销售人员首先要有明确的客户群，对目标客户进行定位，再调整销售产品的方式，适时地体现出产品的某种功能优势。

总之，介绍产品的功能时，不能简单地罗列产品的各种优势，而应该根据客户的关注点介绍产品的功能，这样才能引发客户的兴趣和购买欲望，才能顺利实现交易。

用创意引发客户的好奇心

人们对于新奇的东西有一种与生俱来的渴望。产品有创意，客户就会感兴趣，销量就会好。遗憾的是，销售人员并不是产品的设计者，你并不能决定你的产品能够具有新颖、独特的特点，但是你可以在自己的销售工作上下功夫，采用有创意、新颖的销售方式，来抓住客户的心。

陈旧的方式，商家用得多了，客户见得多了，自然也就不会再感兴趣了。例如，被称为"三板斧"的打折、抽奖、赠送，吸引客户的效果越来越不理想。因此，销售人员一定要学会利用客户喜新厌旧的心理，让商品出现在客户面前的方式变一下，变才能新，新才能吸引客户。下面这个用创意占领客户头脑的案例就不由得让人拍手叫绝。

澳大利亚大堡礁是久负盛名的旅游胜地，但曾有一段时间因海洋升温及游客增多，那里的珊瑚虫濒临灭绝。经过一段时间的休养生息，大堡礁生态环境得到了恢复，却正赶上金融危机，就连拥有"大堡礁之星"美誉的哈密尔顿岛也旅客罕至。但很快，昆士兰旅游局就凭借创意逆转了局势。

2009 年 1 月 9 日，昆士兰旅游局网站面向全球发布了一则招聘启事，招聘大堡礁看护员，并为此专门建立了一个名为"世界上最好的工作"的、面向全世界的多语言招聘网站。短短几天，就有 30 万人被吸引，对大堡礁的情况有了深入的了解。

"世界上最好的工作"这个销售创意，共吸引来自全球 200

个国家和地区的近百万人，其公关价值已经超过了 7000 万美元，在极大程度上促进了当地的旅游销售。

从产品——大堡礁延伸到大堡礁看护员身上，再将看护员工作塑造成"世界上最好的工作"，再加上当时金融风暴席卷全球，失业情况严重，一下子就牢牢抓住了人们的心。可见，如果你有创意，就可以吸引客户，即使并不能凭此让客户掏钱，但至少能让你的商品成功占领客户的大脑，为实现销售创造最有利的条件。

要想在销售过程中拥有创意，作为销售人员的你，一定要注意培养自己的创造力，这会让你在销售过程中始终牵住客户的心。具体来说，你可以从以下几个方面努力。

① 要珍惜自己的好奇心，这一点在孩童时期就不容忽视，要保持对世界的探索欲，有开动脑筋发问的习惯，这样才不至于扼杀自己的创造力。

② 不要在平时轻视点滴的创造而指望着大创造从天而降。培养创造力要从所学、所做的事情或事业中做起，因为现在的一切美好事物，无一不是创新的结果，忽视现在，也是对创新的一种否定。

③ 要开阔眼界，广泛涉猎，培养多方面的兴趣爱好，跟不同环境、不同职业的各种人接触和交往，以此获得更多的经验。

④ 培养创造力最重要的是靠主观因素，追求个人的自我完善，才能使创造力爆发。同时，要有一个"天高任鸟飞，海阔凭鱼跃"的环境，没有限制才能创新。

⑤ 遇到问题时要注意从多方面考虑，要养成思考的习惯。只有这样，创新才能在不知不觉中出现，单纯地为创新而创新，创意便不易出现。

⑥ 必须坚持思维的相对独立性。思维的相对独立性是培养

创造性思维的必备前提之一。提高创新性思维能力要求在思维实践中独立地发现问题，独立地思考问题，在独辟蹊径中找到解决问题的有效方法。

⑦改变就是创新。首先要改变自己，让自己拥有热情洋溢的合作精神、正直理性的独立精神、坚持不懈的学习精神、追求卓越的开拓精神，并让自己热爱生活、充满激情。只有这样，创新才会无处不在。

⑧注意总结他人的经验和教训。任何一项创新都不是无源之水、无本之木。因此，在创新工作中，如何利用他人的知识和智慧是非常重要的，也只有如此，创新工作才可以少走弯路，才可以避免很多麻烦。

总之，抛弃常规和单调的产品宣传方式吧，开动自己的脑筋，想出具有创意的宣传方式，以此来吸引客户的注意力和引起客户的兴趣。

留悬念，让客户上赶着了解产品

河濑和幸是日本著名的销售明星，他曾连续 8 年获得"销售大王"的荣誉称号。他在 42 岁时从公司的一名行政职员转变为一名销售员，从最初的毫无业绩到现在与各大公司签订合作协议，他闯出了一片属于自己的天地。现在的他能够在 2 个小时内向客户成功推销 300 瓶价值 4000 日元的美容液；在一天内卖掉 50 台单价 8000 日元的自行车，再加上 200 瓶价值 2300 日元的橄榄油，他的销售业绩令人瞠目结舌。他是怎么做到这些的呢？

通过下面这个关于河濑和幸的案例，或许你就知道答案了！

一次，河濑和幸登门向一名客户推销一款新式厨具。客户见到他之后立刻拒绝了他："我暂时不打算更换厨具。"

第二天他仍然来敲这名客户的门。客户推开门，一看是他，就立刻说："我是不会买你的东西的。"河濑和幸并不答话，而是从口袋中掏出一张 10 日元的钞票，当着客户的面把它撕碎了，对客户说："您心疼吗？"客户吃惊地看着他，河濑和幸没等客户回答就离开了。

第三天，他又来到这家客户门前，客户开门后，河濑和幸又掏出一张 10 日元的钞票，当着客户的面把它撕碎，然后问："您心疼吗？"

客户说："我不心疼。你撕的是你自己的钱，如果你愿意，尽管撕吧！"

河濑和幸说："我撕的不是我的钱，而是您的钱。"

客户很奇怪："怎么会是我的钱？"

河濑和幸说："您已经结婚20年了吧。如果这20年间，您使用的是我们公司的厨具，每天都可以节省10日元，一年3600日元，20年就可以节省72000日元；而如果没有使用我们的厨具，那不就等于您亲手撕掉了72000日元吗？您今天还是没有用它，所以又撕掉了10日元。"

听了河濑和幸的话，客户对他所推销的厨具产生了强烈的好奇感，终于同意坐下来好好了解一下这种特别的厨具。

最后，河濑和幸成功地卖出了他的厨具。

河濑和幸之所以能够让完全不感兴趣的客户坐下来了解产品，进而顺利地将厨具销售出去，就是因为他善于制造悬念。他以每天撕掉10日元的方式唤醒了客户的好奇心，有了好奇心，客户就会愿意更多地倾听河濑和幸的话语，于是客户的心扉被打开，并最终购买了他的产品。可见，很多时候，制造悬念能够让产品脱颖而出，牢牢地抓住客户的注意力。

但是，制造悬念的过程中需要注意一些问题，以免引起客户的反感。具体来说，需要注意以下几点。

① 悬念要与销售的商品有关，这种相关性可以是直接的，也可以是间接的。但如果销售员的悬念和产品无关，等客户了解了具体情况后就会感觉自己受到了欺骗，如此一来，销售员的努力就付之东流了。

② 采取的方法不能让客户感觉怪诞和故弄玄虚。销售员可以运用各种类型制造悬念的方法，但这种方法必须是有道理可循或有事实依据的，不能凭空捏造一些奇谈怪论或虚假的事实来吸引客户，否则，极易招致客户的反感。

③ 要让客户真正感到好奇。制造悬念针对的是客户，销售员的方法不能只是自己觉得好奇，而忽略了客户的心理感受。

如果对于销售员制造的悬念，客户并不好奇，客户就会觉得兴味索然，而销售员的销售行为将不得不以无效收场。

　　聪明地用悬念来引发客户对商品的好奇心，能帮助销售人员获取更多客户，占领更多市场。宣传推销产品的悬念大法，你学会了吗？

先体验，后购买

　　向客户介绍商品的特点，是销售必须经历的一个阶段，也是促使客户做购买决定的一个关键阶段。在此阶段中，多数销售员会大谈特谈自己的产品有哪些优点，他们的介绍可谓精彩绝伦，但是购买产品的人却很少。这是为什么呢？因为他们从来不给客户亲自体验产品的机会。聪明的销售人员都知道，在介绍自己的产品时，如果能让客户亲自体验产品，那么，它对客户起到的效果将远远超过销售员的千言万语，特别是对那些防范意识特别强的客户。因此，销售员在推销时，一定要注意这一点，应尽力让客户亲自体验产品。

　　让客户亲自体验产品，就是让客户直接面对产品，给客户一种很直观的感受，并让其在体验的过程中，思考所体验的产品的特性，以及自己是否购买。客户体验之后往往能够深深认同产品的价值，这对于实现销售是极为有利的。对此，很多小商小贩早已驾轻就熟。

　　农贸市场上，一位卖西瓜的年轻人正在给众人分西瓜吃，并大声喊："尝尝西瓜吧，不甜不要钱！""西瓜又大又甜，先尝后买啊！"这位卖西瓜的年轻人自始至终都没有吆喝"又沙又甜的大西瓜，快来买啊"，但是，几乎每个尝过他递过来的西瓜的人都会购买。

　　为什么吃过西瓜的人大多会购买呢？因为卖西瓜的年轻人运用了一种策略——先体验。西瓜甜不甜，卖瓜人怎么说都不管用，只有买瓜人自己品尝过后，才能确定卖瓜人所说的是否属实。这样的亲自体验远比卖瓜人喊破喉咙自卖自夸要强百倍。

所以说，要想销售成功，用事实说话很重要。正所谓"事实胜于雄辩"，你说一千句一万句的好话，不如让客户亲自体验。关于这一点，下面这位成功销售员的经历也许更有说服力。

有一个叫作杰姆的年轻人，曾经受雇于美国的一家玻璃厂，负责玻璃销售工作。在他的努力下，他的业绩一直位居公司的榜首。在一次公司举行的最优秀销售员的颁奖仪式上，有人问道："杰姆先生，你是怎么做到让你的销售额始终保持第一的？"

杰姆回答说："很简单，只要说两句话：'您相信安全玻璃吗？'不管客户相信与否，我都会把玻璃放到他们面前，然后用锤子敲。很多客户都会对我的行为感到惊奇。同时，当发现玻璃真的没有碎时，他们会很惊讶地说：'真是太神奇了。'这时，我就趁机说：'您想购买多少？'用这种方式推销，效果要好得多，并且花费的时间不会太长。"

杰姆讲了这个故事之后，很多销售员纷纷效仿。但是过了一段时间以后，杰姆的销售业绩仍然位居销售榜首。这时又有人问："我们和你采用同样的销售手段，为什么你的业绩仍然比我们好呢？"

杰姆笑着说："还是一句话，我总说：'请您亲自敲吧！'我最近去推销时都是直接把锤子递给客户说：'请您亲自敲吧！'没想到这样做的效果更好，很多客户在亲自体验了之后，更加喜欢我们的产品。他们不仅当场签下订单，还会把产品介绍给自己的朋友。所以有时候我不用出门就能接到很多订单，我想这就是我的业绩始终位于榜首的原因。"

销售冠军并没有长篇大论地去向客户解说自己的产品有多么好，而是用简单的两句话让客户参与进来，使其亲自体验产品的特殊性能，这样客户对产品的信任度提高了，当然，产品的销售额也会随之提升。

客户体验产品时，你不必过多地介绍产品，你需要做的就是在客户体验过程中，针对客户提出的不同问题和疑虑给予周到合理的说明。至于产品的优缺点，你根本不用过多介绍，因为一切尽在客户的体验过程中。而在邀请客户亲身体验产品时，你最好事先告诉客户体验的结果将是怎样的，只有这样才能有效地将客户的注意力引导到体验的正确方向上，有助于提升销售效果。

总之，对于客户来说，任你把产品说得天花乱坠，也是不足为信的，只有客户亲眼见识了、亲身体验了，他们才会深信不疑，并因此对你产生信任，如此一来，实现销售目标也就是自然而然的事情了。

没有比较就没有优势

作为一名销售员，在销售自己的产品时，有一点需要注意，那就是要善于运用客户熟悉的产品来做比较。这样才能让客户更了解产品的性能，更加清楚产品的优势。假如在介绍产品时，你只是不断地强调产品的优势，却没有比较的对象或者找一些客户并不是很熟悉的产品做比较，那么，很难让客户相信购买你的产品是自己的好选择。

有一个药品销售员，他的公司生产了一种新型的止咳糖浆，经过实验证明，这种止咳糖浆的治疗效果非常好。为了推广这种药品，公司派这名销售员去一家药店销售。

销售员和药店老板寒暄了几句之后，便开始介绍自己的药品。

他说："我们这种止咳糖浆采用了上等蜂蜜，口感良好；完全是中草药成分，对人体没有任何副作用，是专门针对感冒咳嗽研制出的一种新产品；其中的中草药完全是纯天然的，为了保证疗效，是公司专门派人去云南采购的……"

这样滔滔不绝地介绍了几分钟后，药店老板还是一脸漠然，似乎不怎么感兴趣。销售员见药店老板兴致不高，便认为自己说得不够详细，之后又详细地介绍了一遍。显然这也没有引起药店老板多大的兴趣。

最后药店老板以"我们暂时没有进购止咳药品的打算"为由拒绝了这位销售员。

这位销售员的口才极佳，能流利地介绍自己产品的"好"，但是他的产品的"好"在他口中却并不突出，原因就在于没有对比。他说他的止咳药品的成分好，那其他的止咳药品都是什么成分呢？他没有说，客户自然也不知道，也许其他的止咳药品也是同样的成分，这样一来，他的药品又有什么优势呢？

正所谓"没有对比就没有优势"。聪明的销售人员会把自己的商品与同类商品做对比、做类比，凸显自己商品的好。比较能带给客户更加直观的感受，这样一来，商品的优势一下子就被放大了，自然也就更容易让客户倾心。

销售员推销产品并一定要善于运用客户所熟悉的产品。否则，即使找来产品做对比，也一样逃不过失败的结局。下面这个例子就说明了这点。

彭亮是一家化妆品公司的销售员，主要负责销售香水。为了显示公司的品位，彭亮专门研究了几种知名的国际香水，并把它们与自己公司的香水进行比较，总结出了很多优势。每次销售时，他总是把自己公司的产品和这几款国际品牌作比较。当然在碰到熟悉这些国际品牌的客户时，他的销售很成功，但是在遇到并不熟悉这些国际品牌的客户时，他的销售往往并不理想。

一次，他向一位女士销售香水。他开门见山地说："太太，您需要香水吗？这是我们公司推出的新产品。这款香水的香味不是很浓，但是却很持久，往衣服上喷一点儿，就能保持72小时以上，香味的持久性可以和国际知名品牌香奈儿的香水相媲美；我们这款产品的香味接近自然的花香，香味淡淡的，让人觉得特别舒服，这一点也和香奈儿很像……"

结果在他介绍完香水之后，女士很不耐烦地说："我用的是国产香水。您说的这些品牌我不熟悉，也不知道它们有什么优势。我还有事要忙，先走了。"

单就表达能力而言，彭亮绝对是一个口才高手，但是这样的口才高手为什么也会失败呢？原因很简单，就是因为他在向客户销售产品时选择了客户并不熟悉的产品进行比较。客户本就不了解你的产品，你再用客户不了解的其他产品来向客户说明你的产品有多好，又能有什么效果呢？

　　所以，真正优秀的销售人员在介绍产品时，往往懂得找一些比较的对象，并且这些用来对比的产品都是客户熟悉的产品。这样才能给客户提供一些实用的信息，通过比较鉴别后，客户才会购买这些产品。例如，在销售一款新洗发水时，优秀的销售员会把它和市场上大家都知道的一些老品牌进行比较，这些品牌都是客户熟悉的，所以他们很容易判断出销售员说的是真是假，如果他们知道了从销售员那里得来的信息是真实的，就会购买他们销售的产品。

　　总之，销售员必须懂得如何做产品对比，让客户清楚地知道产品的优势在哪里，从而激发客户的购买欲望，如此一来，也就实现了销售，提升了销售业绩。

用好的产品故事打动客户

会说故事，真实的故事，是一种强大的销售力，甚至可以扭转乾坤。它能让客户消除心理防线，吸引他们的注意力，并让他们心动；它能建立可信度，并帮你和你的产品得到客户的信任。

事实胜于雄辩，只有事实才能打动人心，令人折服。销售人员在向客户介绍产品的时候，多运用一些真实的故事，可以大大增强说服力。如果你能够举出客户身边发生或存在的实实在在的故事，那就比一味地讲解产品的成分、功能、特性、操作方法、注意事项等效果好得多。下面事例中的销售员正是凭借这一点才销售成功的。

一天，一位中年男子来到某保健品专柜前。销售员见到这位客户便与之交谈。

销售人员："先生，您有什么需要帮忙的吗？"

客户："这些保健品中哪些对养血补虚比较有效？"

销售人员："您是为自己买还是为家人买？"

客户："我父母身体不太好，我想买些保健品送给他们，但一直没想好……"

销售人员："是这样啊，如果是中老年人的话，这款比较合适，它的成分结合了……"

客户："可是，现在的保健品市场负面新闻特别多，这个不会是假的吧？"

销售人员："先生，这个您放心。您看看，正在您身边购物的这位大姐，她是我们这里的老客户了，她经常来我们这里买保健品。不信，您可以去问问她！"

客户："是这样啊，那好吧，我买两盒，帮忙包装一下。"

销售人员："没问题，包您满意！"

当客户对销售员推荐的产品心存怀疑时，事例中的销售员没有采取一般的销售方法，如降价、突出产品优势等，而是以列举真实故事的方法，向客户说明他的产品有很多老客户，这就打消了客户的疑虑，从而实现了销售。可见，在向客户介绍产品时，列举对销售有利的真实故事非常有助于获得客户的信任，以及促成交易。

然而，这些故事并不是凭空捏造的，而是销售人员一点一滴积累起来的。积累的过程是需要你付出一定努力的，是需要一定的方法的。那么，销售人员应该怎样做，才能积累起更多的真实故事呢？可以从以下几个方面入手。

①搜集有说服力的真实故事。销售人员在向客户陈述事实之前，首先必须有可靠故事来源。也就是说，销售人员必须搜集一些对自己销售有利的事实。在搜集的时候，可以从以下几个方面进行：

客户熟悉的人或事物；真实的成功客户个案；客户购买后带来的实际好处。

②把事实变成确凿的证据。当搜集完有说服力的真实故事后，接下来，销售人员就应该想办法巧妙地组织这些素材，使之变成确凿的证据。比如，你收到了一位客户的感谢信，那么，你就应该把这封信留下来，把它作为进一步销售的证据。在面对新客户时，你就可以说："我很乐于向您展示一下以往客户发来的感谢信。这封信来自于××企业。据他们反映，在使用我们的这种机器后，他们的生产效率比去年同期提高了40%。现在，该厂又追加订货10台。"可以一边说一边向新客户展示

这封感谢信。在这样的"证据"面前，客户一定会信服。

③ 在开始你的"故事"之前，先倾听客户的"故事"。这种方法比仅仅向客户讲"故事"要好得多。因为客户的"故事"将告诉你他的价值观、他的购买偏好、他的人生经历与乐趣，甚至是他在购买活动中的真正意图。客户讲得越多，他对销售活动的参与度越高；客户与你分享的信息越隐秘，他对你的信任度越高，他和你所建立的销售关系越牢固，如此一来，就会更容易促成交易。

总而言之，在向客户介绍产品时，身为销售员的你可以多向客户列举一些对自己的销售有利的真实故事，以增强产品的说服力，令客户更加信任你和你的产品，这是成功销售的重要一步。

你对产品信心越足，客户越放心

对销售员来说，信心是保证销售成功的必备要素。销售员不仅要对自己的能力有信心，还要对自己的产品有信心。试想，如果销售员对自己的产品没有信心，又怎么能让客户放心购买呢？

在向客户介绍产品的过程中，很多销售人员在听到客户反映产品的一些小毛病时，会马上抱怨公司产品质量低下，把销售业绩上不去归结为产品质量问题。但你可以分析一下，任何一家公司都有销售业绩优秀的销售员，每个公司都有销售冠军，如果产品有问题，那为什么还可以卖出去，并且让客户满意呢？那些优秀的销售员之所以能够把产品卖出去，往往在于他们对自己销售的产品充满信心。正是这种信心深深影响了客户，从而使得客户决定购买产品。关于对产品的信心，有这样一个事例。

小帆是一名优秀的厨房灶具销售员。她口才过人，思维敏捷，善于洞悉客户的心理。但在一次推销中，她失败了。

这天她在大卖场举办灶具推销活动。她热情洋溢的介绍，引来了众人的围观，现场气氛非常活跃，已经有几名客户准备购买了。这时，她的邻居到场了，问她："小帆，既然你认为这种灶具这么好，为什么你家没有用这种灶具呢？"

小帆一时不知该怎么回答，在她心里确实更青睐自己家正在使用的老品牌灶具，总觉得自己公司的灶具虽然方方面面都不错，但用起来，还是老品牌更放心。

见到小帆一副明显底气不足的模样，原来已经决定购买的客户改变了主意。他们说："既然你都不相信你的产品，我们又怎么能相信呢？"

事例中的小帆之所以会销售失败，主要就是因为她对自己销售的产品没有信心。可见，销售员只有对自己销售的产品充满信心，才能让客户和你一样对产品有信心，才能一举赢客户的心。

那么，销售员如何树立对产品的信心呢？

①选择好产品。成功的销售，依赖于一个好的产品。销售员在从事销售工作之前，要对所销售的产品和公司有所选择，要选择有市场前景的产品和有实力的公司。产品无法为客户提供利益与价值，即使是世界上最优秀的销售员，也会面临销售失败的局面。只有质量合格、功能优良的产品才能为你增加收入。

②热爱产品，自己先买。客户几乎无法拒绝真正热爱自己产品的人，因为客户很容易为销售员对产品的热爱所感染。而且，如果销售员能够购买和使用自己销售的产品，这在无形之中会增加客户对产品的信心和依赖性。

③销售员在与客户交谈的过程中，尽量不要用消极、负面的词语进行表达，而应该想办法把自己的语言转化为激励客户尝试的信号。比如，当客户表示某种玩具价格过高时，该玩具的销售员只用一句话就令客户开心地购买了此类玩具。这位销售员是这样说的："现在正规厂家生产的儿童玩具的价格都比较高，不过质量有保障，而且这类玩具对培养儿童的思维具有重要作用。"

总之，在向客户介绍产品时，你要对自己销售的产品表现出充足的信心。只有这样，客户才能对你的产品拥有信心，才会愿意购买你的产品。

商品那么美，我想把它带回家

同样的商品在不同的店里，被同样优秀的销售人员推销，销售业绩却有着明显的差异。这个业绩上的差异就是由商品陈列的不同所产生的。心理学家指出，环境能够影响人的心理，而心理能够影响人的行为。

在销售中，销售人员不妨通过营造打动顾客消费欲望的商品陈列环境来促成销售。当顾客为陈列的商品营造出来的气氛所打动时，就很容易对你的商品产生兴趣。

法国有这样一句谚语："即使是水果蔬菜，也要像一幅静物写生画那样艺术地排列。因为商品的美感能撩起顾客的购买欲望。"销售人员应该充分认识到这一点，在摆放商品的时候要考虑到顾客的心理需求，商品的摆放要能够打动顾客，这样顾客才更容易购买你的商品。在具体的操作中，销售人员应该注意这些问题。

①摆放丰满：顾客进到店里，是冲着商品来的，是来选购商品的。因此，顾客最关心的往往不是销售人员的服务，而是货架上的商品。顾客首先要看的也是商品。这时，如果商品少、货架上显得空，就会给顾客一种"这家店快关门了，都没有什么商品"的感觉。相反，如果顾客看到货架上的商品琳琅满目，就会产生较大的热情，精神也会振奋，在潜意识中对商品和店家产生信任感。

中国有一句古话是"货卖堆山"。之所以要将货物堆成山，其主要目的就是想通过丰富的商品来招徕顾客，刺激顾客的购买欲。营销专家也说："商品本身就是一种广告，商品的陈列也是一种广告。"所以，把商品摆放丰满是销售工作中不容忽视的细节。

②摆放美观：商品摆得满只是一个方面，如果一堆没有美感的商品摆放在一起同样会引起顾客的反感。因此，商品一定要有美感，不仅要质量好、外观美，还要实用、适用，这样才能吸引顾客。

同时，销售人员不要只是被动地等着顾客去发现你的产品的好，而要主动引导顾客去发现、去感受你的产品的好，以此来激发顾客的购买欲。

③营造特有气氛：通过对商品进行组合排列来营造出一种温馨、明快、浪漫的特有气氛，也能够增加顾客购买产品的可能性。通过这种美好的气氛感染顾客，拉近顾客与商品之间的心理距离，让顾客对商品产生可亲、可近、可爱之感。要知道，红花是需要绿叶来衬托的，而绿叶有了红花在旁边也会显得更加绿意盎然。

将商品陈列到位，让陈列的商品帮你向顾客传达一种无声的邀请，去打动顾客的心、激发顾客的感情、激发顾客的购买欲望，是一种非常有效的销售方式。例如，当顾客走进一间经过精心布置的样品房，看见柔和的灯光、温暖柔软的床、舒适的沙发，这一切都那样让人惬意，他会为之心动，然后就会自然而然地想象自己住到这样的屋子里、睡这样的床、坐这样的沙发会是一种什么样的感觉，接着，会对自己想象出来的美好景象产生向往，这时顾客的购买欲就被激发了，就有可能购买样品房里的家具甚至是房子。

让商品的陈列迎合顾客的口味，从而让顾客购买商品成为一件顺理成章的事情。

第六章

聪明人卖商品，更要卖需求

人们对自己所需要的总是不吝时间和金钱；而对自己不需要的，即使白送，也未必会接受。如果销售人员卖的是商品，而客户买的却是"需求"，那势必永远存在分歧，也就难以成功销售。

想要成功销售就一定要学会"卖需求"，让客户清楚地认识到，你的商品正好能满足他的需求。

读懂藏在客户内心深处的真实诉求

　　1924 年，克莱斯勒汽车公司成功地推出了一款新车型，前所未有地受到大众的喜爱。由于这款新车的畅销，克莱斯勒公司一跃成为美国最大的汽车制造商之一，一时间名声大振。那么，克莱斯勒公司是如何知道这款新车能够满足大众需求的？他们是怎样预测出大众的心理需求的呢？

　　世界上不可能有完全相同的两片树叶。每个人因为职业、生活习惯、背景、收入等诸多情况不同，需求也就不同。事实上，需求不但因人而异，而且，即使是同一个人的需求也不可能一成不变。面对变幻莫测的人的需求，华尔德·克莱斯勒并没有一筹莫展。他将销售对象想象成一个具体的人，这个人身上集所有客户的心理共性。也就是说，他是以一个具体的、典型的客户为对象，然后综合考虑这个典型客户的客观观点、虚荣心、道德意识和习惯等一系列属性，来设计自己的汽车，决定自己的销售方案。

　　华尔德·克莱斯勒从众多的需求中寻找共同点，然后有意识地将这些共同点放大，从而制造出受大众欢迎的汽车。

　　很多时候销售员都是盲目地向客户销售产品，根本没有了解客户的真实需求，也不能解决客户目前存在的困难，而客户对对自己毫无帮助的产品是不会感兴趣的，这就需要销售员在销售之前了解客户的需求。下面事例中的小张就从中得到启示，成功销售出自己的产品。

　　这几天小张很郁闷，他是一个计算机软件公司的销售员，尽管自己在进行产品介绍时很认真，尤其是关于产品的优势介绍得尤为详细，但是自己的客户并不买账，都没有购买的意思。

　　没有客户购买，自己的销售任务怎么完成？小张带着郁闷的心情走进了一家饭店。小张的对面坐着一位女士带着两个孩子，其中一个小男孩胖胖的，吃得很快，在他眼里什么都很好吃、很香，而另外一个小女孩却长得很瘦，吃饭很慢，总是把盘子里的菜挑来拨去，她显然是在挑食。

　　那位女士显然有些生气，她不停地对小女孩说："多吃一些蔬菜，营养才均衡，挑食很不好。"可是小姑娘却充耳未闻，仍旧不吃蔬菜。那位女士显得很无奈。

　　小张看到这一幕，忽然觉得自己就是那位女士，自己的产品就是那些蔬菜，而自己的客户就是这个小女孩，一切都是那么相似。就在这时，走过来一个餐厅服务员，他凑到小女孩的耳边说了几句话，说完后，只见小女孩开始吃起蔬菜来，一边吃还一边盯着小男孩。

　　那位女士感觉很奇怪，于是问服务员："你跟她说了什么，为什么能让我的小孩吃蔬菜呢？"服务员笑笑说："女士，你经常来我们餐厅，我注意到男孩总是欺负女孩，于是刚才我告诉小女孩，你的哥哥不是经常欺负你吗？你要是不想被哥哥欺负，就要吃蔬菜，吃了蔬菜你才会有力气，有了力气，他就不敢再欺负你了。"

　　听到服务员这样的解释，小张豁然开朗，明白了自己的问题。

　　第二天，他再次去拜访之前的客户。这次到了那位客户的办公室之后，小张不再像从前那样只是简单介绍产品的属性或者只知道夸自己的软件，而是向客户提了几个问题："于总，现在什么事情是你们公司最关心的？公司现在整个营运有什么困难吗？"客户叹了一口气说："说实话，公司现在确实有一个很大的问题，就是想减少一些库存，提高资金的周转率。"

了解到这个可靠的信息后，小张在安慰了客户之后，便即刻赶回自己的公司，让公司的专家针对自己的软件重新设计了一套可以减少库存的方案。隔日，小张再次去拜访之前那位客户，并拿出自己的方案给客户看，说："上面有详尽的方法，如果您按照上面的做，您的烦恼就没有了。当然这些方案是需要使用我们公司所推出的那款软件才能得以实施。"

客户看到了这些方案，表情立刻变得很轻松，说道："小张，真的很感谢你！你们的软件我可是买定了！"

的确，人的需求虽然多种多样、变幻莫测，但究其根本则是相同的。在销售产品时，销售员最好先了解客户最需要的是什么，再对症下药，客户自然会买单。

约翰斯是乔治·巴滕公司的负责人，而德斯廷是巴顿·德斯廷·澳斯本公司的负责人。有一天，这两位在美国广告界赫赫有名的人物偶遇了。在这次偶遇中，约翰斯成功地探知了德斯廷的需求，进而促成了广告史上最大的一次合作。

当时的情形是这样的。

约翰斯非常随意地对德斯廷说："前天晚上，我忽然发现我们两家公司的销售渠道并没有什么实质性的冲突。"

德斯廷听完，立刻问道："你这是什么意思呢？"

约翰斯看着德斯廷一副着急却又故作平静的样子，说："啊，其实也没什么。"边说边笑着走开了。

几个星期后，当两人第二次会面时，规模宏大的合作——成立巴滕·巴顿·德斯廷及澳斯本股份公司的讨论正式开始了。

约翰斯抛给对方一句意味深长、让人费解的话，然后小心谨慎地观察对方的举措，进而探知了对方的心理需求。的确，当对方对某一事物具有需求时，如果你含糊的语言正好碰触到他心中的需求，他就会表现得十分敏感。由于德斯廷心中有和约翰斯合

作的需求，因此当约翰斯说到彼此的销售渠道没有冲突的时候，
他才会表现得如此敏感。

在销售的过程中，在与客户接触的过程中，销售人员在具
体行动前都需要先摸清和明确客户对自己及自己的产品所持的
态度和想法。这时，你会通过客户的表情、肢体语言、细节动作等，
来揣测对方内心真正的需求。然而，你揣测的结果是否正确呢？
怎样才能规避揣测错误的风险？当你碰到这种情况的时候，不
妨抛给客户一个含糊的话题，然后仔细观察对方的反应，就可
以验证自己的揣测是否正确了。

富兰克林在费城时，也是运用这种策略来探知人们心中的
需求的。在推行一个计划之前，他总会先把他的想法在集会或
报纸上比较委婉、隐晦地表达出来，然后观察人们对此的反应，
最后再决定计划实施与否。

在老圣保罗与太平洋铁路戏剧性的交易中，詹姆斯·希尔
也正是利用这种策略，探知了对方是否有出售股票的需求。他
在洽谈中多次正式提出想要收购太平洋铁路。当然，他非常明白，
自己的请求势必会被对方拒绝，然而，他却可以从对方对此的
态度细节中观察出对方是否有抛出股票的意向。

销售人员完全可以将这种策略运用到实际的销售过程中。
例如，当客户挑剔产品的颜色和款式的时候，你却清楚地记得，
这明明就是客户喜欢的，因此，你可以判定对方可能认为价格
贵，但又不好意思直接说，才转而挑剔产品的颜色和款式。这时，
你为了验证自己的猜测是否正确，你可以对客户说："这个款
式和颜色搭配起来很别致，而且产品质量也好，市面上的价格
至少是××元，我给您的是老客户的优惠价格。就性价比来说，
这很合适，您认为呢？"在不否定对方言论的前提下，自然地
将话题转移到价格上来，如果对方真的认为价格贵，那么他一
定会和你深入地谈价格；如果对方真的是口味变了，不喜欢颜

色和款式，那么对方就会将话题再一次转回颜色和款式上。

在真正采取销售行动之前，先想方设法地了解客户的心理需求，猜测对方的可能想法，然后通过试探来验证哪一个才是正确的，从而在开展销售时最大限度地避免失误，促进销售成功。

说不需要，那就把需求找出来给他看

作为销售人员经常会遇到这种情况在给人介绍产品的时候，别人经常用一句"不需要"来回绝，那么他的一句"不需要"是真的对这个产品没有需求吗？对于这样的回答，我们应该怎样做来进行下一步的销售工作呢？来看一下下面的事例。

汤姆·霍普金斯是世界第一的销售大师，被誉为"世界销售之神"，公认的世界销售冠军缔造者。美国媒体更称其为销售界的传奇冠军。他也是吉尼斯世界纪录房地产销售量最高纪录的保持者。他是如何做到这一切的呢？让我们从他还是北极冰公司的销售员时说起。

霍普金斯在成为北极冰公司的销售员之后，有一次他突发奇想，希望把冰块卖给身边的一位阿拉斯加州原住民。确定了这个目标后，汤姆拜访了这个阿拉斯加州原住民。

霍普金斯："您好！先生。我是汤姆·霍普金斯，在北极冰公司工作。我想给您说明一下北极冰给您，以及您的家人带来的很多好处。"

阿拉斯加州原住民："这听起来很滑稽。我曾听说过很多你们公司的产品，但是冰在我们这里一点都不稀奇，它根本不用花钱，而且我们就住在冰里面。为什么我还要花钱购买你们公司提供的冰块呢？"

霍普金斯："您说得对，先生。注重生活品质让很多人对我们公司很感兴趣，可以看出您就是一个非常注重生活品质的人。咱们都了解价格总是与质量联系在一起的，那么可以解释一下为什么您目前使用的冰不用花钱吗？"

阿拉斯加州原住民："这很简单，因为这里到处都是，触手可及，而且完全免费。"

霍普金斯："非常正确。您所使用的冰就在身旁，而且日日夜夜无人看管，对吗？"

阿拉斯加州原住民："噢，的确。这种冰实在是太多了，根本没必要看管。"

霍普金斯："那么，先生。您看，就在您使用的冰上，您和我站在上面，还有那边冰上的人正在清除鱼内脏。另外，您看到动物们在上面留下的排泄物了吗？"

阿拉斯加州原住民："我真不愿去看。"

霍普金斯："或许这就是您为什么不愿意去看这里的冰的原因……这样的冰块，可以说成经济划算吗？"

阿拉斯加州原住民："抱歉，我突然觉得有些不舒服。"

霍普金斯："我理解。给您家人的饮料中加上这种没人看管的冰块，您一定感觉不舒服。倘若您想感觉舒服一些的话，一定要先消毒，那您又打算怎么消毒呢？"

阿拉斯加州原住民："我想应该煮沸吧。"

霍普金斯："不错，先生。那煮过以后还能剩些什么呢？"

阿拉斯加州原住民："水。"

霍普金斯："这样您无异于是在浪费自己的时间。谈到时间，如果您乐意在这份协议上签上您的名字，我可以保证今晚您和您的家人就能享受到最好喝的并加有干净、卫生的北极冰块的饮料。噢，对了，我很想知道您那位清除鱼内脏的邻居是否也愿意享受北极冰带来的好处呢？"

结果这位阿拉斯加州原住民毫不犹豫地购买了霍普金斯的冰块，还把他介绍给了自己的邻居。

这看上去根本不可能完成的交易，霍普金斯却轻而易举地完成了。原因就在于霍普金斯在向阿拉斯加州原住民销售冰块时，激发了需求——干净、卫生的冰块，这使得阿拉斯加州原住民对之产生了兴趣，并最终购买了冰块。

你在销售的过程中，也应该向霍普金斯学习。在向客户销售自己的产品时，如果客户认为自己并不需要或者还有其他选择时，一定要在与客户的沟通过程中让客户看到自己的需求，而且需求还非要满足不可。

总之，在介绍产品时，与其说产品的好，不如谈客户的需求；只有激发出客户的需求，才能把潜在的客户变成实际的客户，从而成功销售产品。

一边做应声虫，一边带他走向"哦，原来我需要"

在交谈中，能否洞悉客户的心是成功与否的关键。只有当你洞悉了客户心中所想，你才能够投其所好地销售自己的产品，让自己的产品与客户心中所想统一起来，进而让客户购买你的产品。对此，心理学家认为，在与客户交谈的过程中，当个应声虫，重复对方所说的话，为对方帮腔，同时配以肯定对方的表情，能够瓦解对方的心防，从而便于自己更好地了解对方的真正心理需求并且让客户觉得你重视他，有一定的参与感。

实践中，那些销售高手常常采用"应声虫"策略来向客户传达"我正专心地听你讲话""我十分重视你"等信息，从而突破客户的心理防线，深入客户内心，了解客户的真正需求，并制造客户与自己内心需求的美妙邂逅。

有一位销售员是这样向一位太太销售化妆品的。

"太太，我们公司的化妆品非常适合您。"

"不用了，我已经有很多化妆品了。"

"哦，所有的化妆品您都有了？"

"是啊，差不多该有的都有了。"

"都有了啊？"

"嗯，到我这个年纪很少出门的，需要化妆的时候并不太多。"

"哦，原来您不常出门。"

"不过，我的几个女儿都快要结婚了。"

"哦，是吗？那真是恭喜您了！嗯，太太您的皮肤很不错！"

"还好啦，女人总是希望自己能够年轻漂亮的，尤其是我们这种上了年纪的女人。"

……

就这样，这位销售员运用这种附和的心理策略，首先取得了那位太太的好感，然后瓦解了她的心理防线，进而了解到对方真正的内心需求。接下来，他只需要为这位太太描绘一个美梦就可以了，可以说："太太，我们刚刚推出了一款彩妆套装，很适合在参加宴会或者婚礼的时候用。等到您女儿结婚的时候，如果您能用这个，一定会成为宴会上最年轻漂亮的母亲。"

值得注意的是，即使是当"应声虫"，也要当一个让客户感觉到真情实意的"应声虫"，这样才能让客户敞开心扉，否则，只会适得其反。一般而言，人们往往会通过点头来附和他人，如果点头的幅度小而速度快，那么附和往往不是真心的，而是装腔作势的。

那么，怎样附和他人才会显得真诚呢？

首先，你要注意自己点头的幅度、频率和速度，幅度大，表示态度明确；速度慢，显示你的附和是经过深思熟虑的；频率小，证明你并不是一个习惯性附和他人的人。

其次，不要总是用"嗯""是啊""哦""真的是那么回事"等语言来附和，这样会显得没有针对性，客户会认为你在敷衍他；在恰当的时候，用自己的语言重复客户的观点，会显得更加真诚。

当你了解到客户心中真正的需求，进而将客户的需求与自己的产品统一起来的时候，你的销售也就成功一大半了。比如说，你是某旅行社的销售人员，你想让一位客户参加你们公司推出的森林露营旅游服务。你注意到客户是一个非常热爱大自然的人，那么你就可以对客户说："森林实在是一个让人无限向往的地方。在那里，你可以坐在清澈见底的小溪边听水流动的声音，可以在青草的清香中入睡，可以在篝火旁闻食物的香味……这是多么惬意啊！"

在与客户的洽谈中，首先使用"应声虫"策略探知客户内心的真正需要，然后将客户的需求和你的产品联系在一起，为客户描绘一个符合对方心意的美梦，会让你的销售更加顺利。

多问为什么，顺着藤就能摸到瓜

其实，销售过程就是一个不断探知客户内心的过程。在销售的过程中多问客户几个"为什么"，就能让客户不断地回答，而客户的回答里一定会有你想要的信息，掌握了客户的信息，再有针对性地向客户销售你的产品，相信很多客户都会主动接受你的产品，请看下面的事例。

乔·吉拉德被誉为世界上最伟大的销售员，他连续12年荣登吉尼斯世界纪录大全"世界销售第一"的宝座。他所保持的汽车销售纪录——连续12年平均每天销售6辆车，至今无人能破。那么，他是怎样做到的呢？

有一次，乔·吉拉德想要向一名客户出售一款新车。这天他来到了客户的办公室，向他介绍有关汽车的信息，可是这位客户不是说价格贵，就是嫌性能不够好，总之百般挑剔。最终这位客户拒绝在乔·吉拉德这里购买汽车。

此事过后，乔·吉拉德思考了很久，心想："既然他有很多要求，为何不让他说出自己心中理想的款式呢？"于是，他又去拜访那位客户。他这次来到客户的办公室时是这样说的："您好，我是上次来的汽车销售员，真不好意思，又来打扰您。"

客户："我们上次不是说清楚了吗？还有什么事吗？"

"是这样的，先生……"乔·吉拉德解释道，"我看您上次对汽车价值的评价很到位，您在这方面一定很有研究。您能不能帮我看一下我这辆车子的性能，帮我估一下价位应该定在多少才合适？"客户答应了。

于是乔·吉拉德邀请客户亲自试驾车子。客户亲自试驾后说："如果你能把价格定在25万元，就非常合适了。"

乔·吉拉德立即说道："您不是也想买一辆车子吗？如果我以这个价位卖给您，您是否愿意买呢？"

从乔·吉拉德的销售事例中可以看出，他并没有着急去跟客户解释这辆车的种种好处，而是去问客户的想法，用"为什么"来问出客户的信息，通过了解客户的想法去改变自己的销售计划，从而成功销售出汽车。

乔·库尔曼是美国著名的金牌销售员，是第一位连任三届美国百万圆桌俱乐部主席的销售员。那么，他是怎样做到的呢？让我们来看一下库尔曼朋友的说法。

乔·库尔曼的这位朋友是费城一家再生物资公司的老板。他是从乔·库尔曼手中买下人生中的第一份人寿保险的。

一次，他对乔·库尔曼说："我突然想起来，我是怎么从你手里买下人生的第一份人寿保险的。其实，你对我说的那些话，其他销售员都说过。可是，他们的保险我都没有买，偏偏买了你的。和他们比，你的高明之处就在于，你总是真诚地，一个劲地问我'为什么'。你不停地问，我就不停地解释，结果把自己'暴露'了。我解释得越多，就越意识到我的不利，最终我的心理防线完全被你的提问冲垮了，搞得好像不是你在向我卖保险，而是我自己主动要买的。"

朋友的这番话提醒了乔·库尔曼：原来，不断提问在销售中是如此重要；原来，一句"为什么"竟像一架探测仪，让自己在一番寻觅之后，终于发现了客户内心的需要。正是这一点，在乔·库尔曼的销售生涯中起到了至关重要的作用，促使其成了销售冠军。

像乔·库尔曼那样，不断地提问"为什么"，往往能够一点一点地获知客户的信息，问得越多，客户"暴露"得也就越多，只有这样，才能完全冲垮客户的心理防线。在此情况之下，销售员在洽谈中也就掌握了主动权。可见，提问"为什么"能帮助销售员获知客户的信息，进而促成洽谈和交易。

"为什么"是一种询问客户这样做的原因的问句，它对销售的结果起着重要的作用。因为在销售的开始阶段，双方都不了解彼此的态度和立场，通过这种方式可以帮助你获知客户的原则和立场，同时也可以帮助你了解客户的底线和意图。因此，在销售过程中，对一个问题如果想要深入地了解，不妨询问对方"为什么"，这样有针对性地提出问题，能够很好地将问题逐步深入，并获得你想知道的信息。

然而，值得注意的是，询问客户"为什么"时，要有诚意，要保持良好的态度，要让对方觉得你是真的想知道答案，而不是另有所图。这样容易消除客户的戒备心理，从而使销售能够顺利进行下去。另外，询问对方"为什么"的次数不宜过多，如果无论客户说什么，你都要询问一句"为什么"，这将会招致对方的反感，如此一来销售就很难顺利地进行下去了。因此，询问客户"为什么"要适宜得体，注意分寸。

总之，在洽谈中，你需要像乔·库尔曼、乔·吉拉德那样通过询问客户"为什么"来获知客户的需要、底线、意图等，刺激双方创意性地思考，进而创造出双方都可以接受的条件，促使销售目标的达成。

别人都买，不需要也想买

市场上，有一种非常显著的现象：什么东西时尚，什么东西的销量就好。其实，人们之所以会倾心于时尚商品，是有其心理根源的。心理学家指出，对自我价值的实现是人的本质需求；而这种时尚性消费就是人自我实现的一种方式。因为，落伍、跟不上时代代表着被淘汰，是对自我价值的一种否定。消费者购买时尚的商品，是为了告诉别人和自己："我与时代同步，赶上甚至超越时代潮流，我是有价值的。"

销售人员如果能够把握时尚趋势，将自己的产品或者客户的购买行为和时尚挂钩，那么何愁没有客户呢？

现实生活中，很多人之所以会购买你的产品或服务，仅仅是因为这些产品或服务是新东西，他们想成为第一批购买和第一批拥有的人，他们认为这样才能领先于人。这类人是典型的时尚跟风人士，他们购买产品或服务，可以不看质量、不问价钱，但是产品一定要显得很时尚，一定要能让他们显得与众不同。

如果你碰到这样的客户，你可以对他说："您真有眼光，这个是时尚新款，上个月刚出的，您肯定是贵行业中第一个拥有该产品的人。"或者说："您真有超前意识，敢于尝试新东西。"这样，对方的购买欲望很可能立刻被你激发出来。

时尚性的消费行为大多是受诸如社会风尚等外界环境影响的，所以时尚类消费者的消费行为很容易受到外界环境的左右，比较感性化。只要销售人员适当地煽风点火就能够促成客户的购买行为。

值得注意的是，这种时尚性消费行为具有短期性。某一类产品的流行，可能来得快、去得也快，让人难以把握。这就要求销售人员对时尚和产品所在行业的发展相当了解。如果对时尚没有很好的认识，就会失去客户。

当然，同一时间的时尚也并非只有一种。这样就有可能发生你说的什么时尚商品并不能得到客户认同的情况，那么你应该怎么办呢？这时，你能做的是从品牌的层面和产品的质量上来"诱惑"客户。

能够让客户觉得你的产品是时尚的，往往是关系到销售能够继续进行下去的大问题。因此，你一定要让你的产品尽可能地和时尚"沾"上关系。与时尚相关的另一种心理就是从众心理。

几乎每个人都有从众心理，这种心理在销售过程中表现得尤为突出。当一个人单独处于某种环境中的时候，他的警惕性往往会很高，心理防线也就很难被突破。但是，如果他和其他人同在一种环境里，他的安全感就会有所增加，心理舒适度也会增强，这时的心理防线很容易被突破。作为一名销售员，你一定要懂得利用客户的从众心理，这样才能帮助你达成交易。

在销售领域，利用客户从众心理的策略被称为"排队技巧"。现实生活中经常会见到这样一种现象：某处有许多人排着长长的队在买东西，那么从旁边经过的人也很有可能加入排队购买的人群中。因为人们看到这样的情景时，往往会认为："这么多人都买，这东西一定很好。"这样一来，购买的人就会越来越多，而实际上，众多购买者当中真正有购买需求的人可能并不多，很多人都是受到了从众心理的影响。下面事例中的毛巾公司的成功就是因为这一点。

有一家公司生产了一批毛巾，这些毛巾是采用新科技、新材料制成的，质量上乘。公司花了大量的精力去宣传产品的优点，希望引起市场的轰动，但是在试卖之初，基本上无人问津，几乎到了无法继续经营的地步。对此，毛巾的销售员万分焦急，经过苦思冥想，他终于想出了一个好办法。他让自己的一些朋友假扮成客户，排成长队来购买毛巾。一时间，公司店面门庭若市，几排长长的队伍引起了行人的好奇："这里在卖什么？""什么产品这么畅销，吸引这么多人？"如此，也就营造了一种毛巾热销的氛围，于是吸引了很多"从众型"的客户。随着产品不断销售，人们逐步认可了这个品牌的毛巾，该毛巾产品畅销全国。

这家毛巾公司之所以能够成功，就是因为利用了人们的从众心理。他们通过"排长队"让客户认为：别人能放心购买，所以自己买也是很安全的。如此一来，产品吸引了更多客户的目光，促成了更多的交易。

生活中利用人们从众心理的例子比比皆是，例如，新酒店开业往往会搞一些优惠活动，如给客户打折，甚至免费大宴宾客，亏本也在所不惜；每天第一位进店用餐的客户一定会被服务员竭力安排到醒目的地方，如落地窗旁边的位置；老板会告诉收银员，结账的时候可以适当慢一些，让客户排成小队。这些都是在利用人们的从众心理，给予客户这样的暗示：别人都这样做了，自己这样做也不会被骗。在此种心理的驱使下，客户就会越来越多，生意自然就会越来越好。

当然，"排队"的队伍不一定是有形的，这个队伍也可以是无形的。例如，"这款饮水机是最流行的，买这款饮水机的人很多，我们这个月已经卖断货过三次了，这次刚补好货，您就来了。""您真有眼光，这是今年最流行的款式，很适合您。"这些都是利用客户从众心理的方式，利用语言描述让客户觉得赶快跟上潮流才是唯一的选择，让他们不自觉地加入虚拟的购买队伍中。

在销售过程中，利用客户的从众心理来促成交易可以减轻客户对风险的担心，增加客户购买的信心。销售人员利用此法促成交易往往较为容易。但是，销售人员在利用客户的从众心理时，也需要注意以下几个问题，以保证取得良好的效果。

（1）所举事例必须实事求是

销售员要想激发客户的从众心理，所举的事例必须是事实，既不能用谎言编造曾经购买的客户，也不要夸大那些老客户的购买数量。如果销售员列举的事例不真实，就很可能被揭穿，这会严重影响客户对销售员及公司的印象，使销售员和公司的声誉受损。因此，销售员必须实事求是地引导和说服客户。

（2）利用从众心理的前提是要保证产品质量

良好的产品质量是利用客户从众心理的前提。只有产品的质量好，客户购买后才能真正认可这种产品，才能继续购买。因此销售最终还是要以质量赢得客户的，而利用从众心理只是吸引客户的一个手段而已，如果客户购买产品后发现质量不过关，那么他是不会继续购买的。

（3）尽量列举具有说服力的老客户

客户的购买行为常常会受到周围人的影响，销售员如果能把握好客户从众的心理，就能大大提高销售的成功率。在销售的过程中，你完全可以举一些公司或个人购买你所销售的产品的例子，这样不仅可以凝聚人气，而且如果你所举的例子正好是客户喜欢或者熟识的公司或人物，那么，销售成功的概率就更大了。

总之，销售人员要善于使用客户追求时尚的心理和善于利用客户的从众心理，这样非常有利于促成交易。

当你的产品成为他情感的寄托

心理学家认为，人们在做选择时，有90%是依赖于情感的，在情感的基础上，再用逻辑加以证明，说明自己的行为多有道理。因此，如果没有唤起对方的情感，只用生硬的产品说明、价格优势等去进行销售，往往不能最大限度地提升自己的业绩。

水加热到99℃的时候还不是开水，无法产生大量的水蒸气；但是如果再将水温提升1℃就能够让水沸腾起来，产生大量的水蒸气，让机器动起来。关键性的1℃引起了质的变化。在成功心理学中，人们将这种现象称为沸腾效应。那些能够让事物的本质发生变化的因素才是至关重要的。

所以，你不妨让自己的销售行为充满感情，调动客户的情感才能游刃有余地处理好客户与你的关系，才能够在日益激烈的市场竞争中脱颖而出，拥有一片天地。

在销售工作中投其所好、循循善诱，将客户的情绪调动起来，往往能够使销售工作更加顺利。虽然这样的做法看上去也许有些迂回曲折，但却非常有效。人一旦受到情感和情绪的支配，消费行为就更加容易发生。例如，在许多大商场，常常会有非常火爆的热销抢购活动。许多客户都会受到这种环境的感染，从而陷入情绪化消费之中，购买许多自己并不是很需要的商品。

如果你留心观察就会发现，销售中，那些高手总是想尽办法使理性的客户变得感性起来，在客户变得感性的基础上再添一把火，这样客户十有八九会购买商品。

　　林小姐是某保险公司的保单销售人员。她最近注意到在一家具有相当规模的公司中，几乎所有的管理人员都没有购买过商业保险，即使那些十分必要的保险也没有。她认为这是一个很值得开发的市场资源，那么怎么说服这么多人呢？一个一个依次说服显然太费时间和精力了，正所谓"擒贼先擒王"，她决定首先说服这家公司的总经理。

　　然而，事情进展得并不顺利，这位总经理是既顽固又执拗的人，他认为如果有必要，国家就会规定必须购买，而国家没有规定自然不必购买。林小姐多次拜访，不是被总经理拒之门外，就是被总经理冷言打发。这天，林小姐再一次去拜访，恰逢总经理在开会，她被安排在总经理的办公室里等候。在等候的时候，她发现在总经理的桌子上摆放了一张笑得很甜美的女孩的照片，她猜测应该是总经理的爱女。

　　当总经理开完会走进来，一看见她的时候，还没等她开口，总经理便开始赶人。面对总经理如此强硬的拒绝，林小姐站起来，微笑着说："照片里是您的女儿吧？她很漂亮。"总经理微微一愣，没有回答，仍摆出一副赶人离开的架势。林小姐神态庄重地走到相片面前，深深地鞠了一躬，转过身来对总经理说："也许她有一个很爱她的父亲，但是她的父亲却并不懂得如何来爱她。人都会有生老病死，人生也是有起有落的，如果她失去了您，或者如果您的事业发展不顺，不知道她是否还能穿这样漂亮的衣服，是否还有足够的钱支付昂贵的学费，是否还有足够的经济保障去应付无常的人生……您是一位爱女儿的父亲，却并不是一位好父亲，你从未替女儿考虑过这些意外。"说完，林小姐拿起包走出了总经理的办公室，留下总经理一人陷入了深深的思考中。

　　第二天，这位总经理就主动打电话给林小姐，要林小姐过去商谈保单细节。

　　林小姐之所以能成功是因为她调动了客户的感情，而许多销售人员失败也正是由于不能调动客户的情感需求。

　　生活中的很大一部分人是理性人群，他们自己有对产品的基本判断，会先考虑自己对你的产品有没有需求，一般来说，如果对产品没有需求，他们都会直接拒绝，不留一点余地，这时候就需要销售人员来发现他们感性的一面，来调动他们的情绪，让他们陷入情绪化消费当中，这样你的销售之路会更加通畅。

越稀有，越吸引客户

　　著名心理学家罗伯特·恰尔蒂尼说过："对于那些稀有的物品，人类有一种本能的占有欲。"的确，几乎每个人都有这样一种心理，渴望占有那些稀有物品，对于那些物品，越是得不到就越想要、就越觉得它的好。

　　作为销售人员，不妨好好地利用一下人类的这个普遍心理。人们常常对那些得不到的稀有的产品兴趣比较大，越买不到，就越想得到。你完全可以抓住客户"怕买不到"的心理，让你的产品"稀有化"，借此吸引消费者的眼球。例如，你可以对客户说："这款衣服卖得很好，而且货源又比较紧缺，短期内恐怕无法再进货了，这是最后一件，您要不买恐怕以后真买不到了。"一般来说，只要对方对这件衣服感兴趣，就会"很听话地"买下来，因为他怕这个"稀罕物"被其他人买走。

　　现代经济学指出：当产品的供应小于客户的需求时，价格上涨、消费者争相购买；当供应大于需求时，价格下跌、产品滞销。这也就是人们所说的"物以稀为贵"。就像"北京的白菜在当地只卖二三毛钱一斤，但是运往浙江，用红头绳系住菜根，倒挂在水果店头，尊为'胶菜'却十分昂贵；福建野生的芦荟在当地就如同野草一般不值钱，但是北方稀有，北京人叫它'龙舌兰'，卖得也十分昂贵。"

　　有人做了这样一个有趣的研究：商店将味道一样、形状不同的巧克力曲奇饼从不同的罐子里拿出来供免费品尝：一个罐子是满满的；一个罐子快空了，里面的曲奇饼所剩无几。结果，大多数客户都认为从快空的罐子里取出来的曲奇饼更好吃。由此可见，人们总是认为稀有的东西更好、更值得自己拥有。

有一家仿古瓷厂生产的瓷瓶做工非常精细，但是只定价500元一个。这家工厂的直销店里摆了许多，却一个也没有卖出去。

后来，有人给店主出主意，让他每种款式只摆一个出来，其他的全部收起来，价格则从500元涨到5000元。

不久，一个外国人看上了其中一种款式的瓷瓶，可是外国人想要一对。经理说："本店只有一个。"结果，这个外国人不仅没有因为只有一个而放弃购买，反而马上掏钱买了下来。第二天，他还带了一位想要购买瓷瓶的朋友来，一个劲儿地向朋友介绍说："这个店的瓷瓶做工很好，而且每款只有一个，想买一定要趁早。"

由此可见，在销售过程中，销售人员完全可以将"物以稀为贵"这一招式用上。

意大利著名的莱尔商店之所以能够一直将商品卖得风生水起，就在于他们抓住了客户"物以稀为贵"的心理。他们采用一种独次销售法，即所有的商品都仅出售一次，即使是热销的东西也是如此。你也许会觉得这样会损失许多利润，但是实际上，因为商品太抢手，莱尔商店获得了更大的利润。

因此，当你做商品介绍的时候，千万不能告诉客户："我们这货太多了，您随便挑。"这样会让客户认为东西不好，不值得他花钱购买。相反，如果你传递给客户"只有几件""限时特供"等信息，客户就会将你的产品视为稀有物品，其购买欲望也会大大增加。

第七章
有点儿眼色，读懂客户的心理变化

眉毛、眼睛、鼻子、嘴巴，它们的细微变化都是客户内心的真实流露。在销售过程中，销售人员只有学会从客户的微表情中读懂客户的真实内心，才能准确地找到最恰当的应对方法，进而提升成交率。

别忽视微表情，里面藏着真相

乔·纳瓦罗是美国联邦调查局的一名特工，他的一生都致力于微表情的破解工作。对于恐怖分子来说，乔·纳瓦罗的名字仿佛就是"紧箍咒"，乔·纳瓦罗总能通过他们下意识的表情动作或者肢体语言推敲出事情的真相。

乔·纳瓦罗认为，只要人的内心有所活动，表情或者肢体必定会显露出"蛛丝马迹"。

聪明的销售人员会留心观察客户的各种小动作，还有小动作出现的频率、时间、变化等。这里面藏着客户的心理真相，有销售成功的契机。

一位白发苍苍的老人正在向一位保险销售员询问寿险的相关信息。销售员很耐心地给老人解答。

"是赔付金额越高，要交的保费也越高吗？"老人问。

"是的，而且年龄越大，保费越高。像您这么大年纪，如果赔付金额是50万，每年差不多要交6000元。"保险销售员回答道。

"这么贵？不能便宜一点吗？"老人满脸惊讶，随后还抿了抿嘴。

"嗯，交多少保费都是专家计算过的，您看这个老年寿险保费表……准确地说是每年6280元，连续缴纳10年。"保险销售员解释道。

老人又抿了抿嘴，目光坚定地说道："本来想死后给孩子们留点钱，让孩子们好过些，可是这保费也太贵了。那我再考虑考虑吧！"

保险销售员注意到老人反复抿嘴的动作，此刻，他明白了，老人是有决心买保险的。他决定再劝说老人一番。他相信老人不会因此而反感。

他说："大娘，我觉得您如果打算买的话，还是赶早为好，往后年龄越大，保费就越贵；而且，没准保费马上就要统一上调了。就我所知道的，这保费差不多一年多就要上调一次。您看呢？"

"那我买了，能保证我的孩子得到赔付吗？"

……

针对赔付、受益人等细节问题进行讲解后，这位保险销售员成功地让老人买下了保险。

上例中的保险销售员之所以能够看准时机地再次劝说，完全是因为他看懂了老人抿嘴①这一微表情的含义。

在解读各种表情和肢体语言的同时，乔·纳瓦罗再三强调"用'微表情'查找欺骗行为其实是一件极其艰难和极富挑战的事情"，尽管如此，很多听过乔·纳瓦罗微表情课的销售人员纷纷表示受益匪浅。

通过这些细微表情和肢体动作，销售人员可以探知某种更真实的信息，而不会武断地根据客户所说的话来选择销售策略。

不管怎样，销售人员需要掌握一些技巧，微表情是一项值得学习的"技术"，因为它会给你带来丰厚的回报与奖赏。当你用心去观察客户的微表情，并由此做出较为准确的判断后，你会惊讶地发现，读懂客户的心是如此容易，成交是如此简单。

---

① 抿嘴：一般来说，抿嘴这一微表情，可以做以下几种解读。

第一，频频抿嘴，且目光坚定。频频抿嘴意味着已经对某件事下定决心，并且拥有不达目的誓不罢休的精神。倘若客户是这种人，销售人员就要进一步加强促销说辞，直至达成协议。

第二，抿住嘴唇，偶尔用牙齿触碰。当客户抿住嘴唇，且时不时用牙齿轻咬或者触碰，说明他在非常认真地听你讲话，同时也在心里暗自揣摩这件事的可行性究竟有多大。

第三，紧抿嘴唇，轻轻皱眉。这多出现在客户与销售人员第一次见面的时候，也许客户此时谈笑自如，但是这个表情却将他的内心出卖。这个表情意味着客户故作镇定的神情之下掩盖的是自己的紧张情绪。也许，他对这单生意同样十分在意，也同样十分注重"输赢"。

读懂眼睛泄露的秘密

人们常说"眼睛是心灵的窗户"，眼睛与心灵有着非常密切的关系。当一个人的心理状态发生变化的时候，眼睛也会产生一系列相应的复杂变化，如目光转移、瞳孔变化等。德国著名心理学家梅赛因认为：眼睛是了解他人内心最好的途径。一般来说，眼睛的活动能够准确、真实地反映出一个人的心理状态。

一方面，眼睛是传递个体感受的焦点，即使是那些无法用言语加以描述的复杂感受也可以通过眼神传递给对方；另一方面，眼睛所传递的信号是个体真实的内心感受，人很难操纵瞳孔的运动，很难在自己内心对对方厌烦无比的情况下含情脉脉地看着对方。因此，眼睛所传达出来的信息是最有价值，也是最为真实、准确的。

销售人员在引导客户进行消费的过程中，时不时注意观察客户的眼睛，能更大限度、更加准确地了解客户的真实想法。一般来说，以下几种眼神是销售人员必须了解的。

① 注视你表示客户对你有好感。在与客户交谈时，客户始终注视着你，代表他对你存在某种程度上的尊重，他将自己的注意力给了你，是一种认可你的表现。相反，虽然客户的表情和语言都在向你传达着"他很投入"的信息，但客户的目光却不时地移向远处或飘忽不定，那么，真实情况一定是他对你的谈话内容不关心或者正想别的什么事情。

② 目光凝聚代表诚实，游离不定代表谎言。眼睛不停地转动，说明正在思考，那么这时他所说的话往往并不是内心的真实体

现，而是经过某种加工的。

③ 如果客户眼神发亮但冷峻逼人，多半是他不相信你，对你仍有戒备。

④ 如果你在客户的眼中读不到任何情绪，那么他心中一定压抑着不平或不满。

⑤ 如果客户一被你注视，就将目光移向别处，那么他往往心怀自卑感或愧疚感。

⑥ 如果客户斜眼看你，说明他对你怀有兴趣，不过由于某种原因，如害羞、怕你坐地起价等而不想让你知道。

⑦ 如果客户抬眼看你，恭喜你赢得了客户的心，这样的动作代表信任和尊敬。

⑧ 如果客户俯视你，说明他想在你面前展露威严。

⑨ 如果客户的视线不集中于你，且转移迅速，那么你可以判定他是一个内向的人。

⑩ 如果客户视线不定，表示正在冥思苦想；如果客户的视线范围大幅度扩大、方向突然变化，说明他感到不安或恐惧。

⑪ 如果客户在谈话中眼睛突然向下看，表示他在沉思，想整理出头绪来。而出现有规律的眨眼时，表示思考已有了头绪。

⑫ 眨眼的频率快慢反映态度的好坏。通常，当客户眨眼的频率比较慢时，大多含有蔑视你的意思；频率正常代表一种平和的心理状态；而频率过快则有献媚讨好之嫌。

通过对眼神的观察，你可以获得客户的很多心理信息，如客户对你的态度、客户有没有说谎、客户的心理感受等。当然，什么样的眼神反映什么样的心理并不是绝对的，要想获得准确的心理信息，需要将对眼睛的观察结果放到具体情景中去分析，同时加入客户的言行、表情、声音、服饰等方面搜集到的信息进行综合考虑。

从眉梢窥见客户的心理状态

"眼睛是心灵的窗户"，通过观察客户的眼睛，我们便能洞悉其内心世界。在此基础上，美国社会心理学家克拉森提出了新的见解："眉宇也能将十分有效的信息透露给他人。"克拉森认为，人类的面部神情和性格息息相关，人们是很难隐藏或者改变自己面部的细微变化的。就眉毛而言，虽然对方眉飞色舞地与你交谈，但是他的内心也许另有打算。"读脸专家"克拉森告诉大家："面部的一些细微表情，能够很好地显示出对方的所思所想，所以下次与人打交道时，别忘了注意他的眉毛！"

为了进一步读懂客户脸部的微表情，哈佛商学院的谢丽尔教授决定从最基层的销售人员开始做起，通过自身的直观感受来发现客户脸部微表情的秘密。

谢丽尔决定销售高档女士内衣，她将受众群体定位为白领女丽人。谢丽尔端庄大方，谈吐得体，深受女白领的喜欢，因此她所销售的内衣也一度脱销。销售上的"大获全胜"着实让谢丽尔欣慰，但是更令她兴奋的是在销售过程中读懂了客户的表情。

一次，谢丽尔照例来到某公司，利用午休时间为女性员工介绍此款内衣的优点。不一会儿，很多女性都为谢丽尔热情洋溢的讲解所吸引，大家也纷纷道出自己的心得。可是，谢丽尔发现其中的一位女士虽然一直在随声附和，可是她的眉毛却不经意地上扬。谢丽尔连忙走到那位女士面前，询问道："您好，女士。您还有什么不了解的地方吗？"随后，谢丽尔细心地为她解答了一切疑问。结果，女士欣然接受了这款内衣，爽快购买了。

看到这里，你不禁要问，谢丽尔是怎样知道这位女士对产品带有疑问的呢？答案就在她上扬的眉毛上。谢丽尔表示，眉毛能表露一个人的心理，眉毛上扬证明对别人所说的话、所做的事存有疑虑，并不认同；相反，当一个人眉毛向下靠近眼睛的时候，则表示他十分愿意与人接近。眉毛的功用不仅仅在于保护眼睛，还在于传递出很多心理信息。

①皱眉：皱眉是一种本能的反应，多数发生在突遇外界强光或产生强烈情绪，与自卫行为有关。不过，如果一个人深深皱着眉头，表示他内心迟疑、忧虑、焦灼或悲观。

②耸眉：眉毛先是向上仰起，随后下降的动作就是耸眉。耸眉情况分为两种：一种是热烈交谈时候的耸眉，这种举动是在强调自己的话语；另一种耸眉伴随着嘴角下撇，表示不愉快却无可奈何的心理感受。

③挑眉：挑眉介于皱眉与耸眉之间，通常的外在表现是两条眉毛不在一条水平线上，一条上扬，另外一条相对较低。它所传递的信息是，对方的内心不但迟疑，并且排斥。

④闪眉：眉毛的闪动代表着欣喜与欢迎，是友善的信号。此时的眉毛先是上扬，随后下降，动作敏捷，持续时间较短。另外，与闪眉"相伴"的往往是真切的笑容和表示友好的肢体动作。

保罗·艾克曼在《心理学家的面相术：解读情绪码》一书中明确指出："人只要处于清醒状态，就会持续接受和处理各种信息。也许有些时候，个体需要做出一些行为举动来掩饰其内心的真实想法。不过，令他没有想到的是，各类微表情都会将他出卖，其中包括两条眉毛。"所以，销售人员在销售自己的产品时，一定不能忽视了客户眉毛的细微变化。

在销售过程中，微表情是一个人内心意图最真实的表现。如果销售人员能够观察到客户的微表情，就可以为自己构建一个判断客户说法与想法是否一致的立体框架，进而令自己的销售更加有效。

口是心非的人都爱摸鼻子

有这么一个经典的童话故事——《木偶奇遇记》。木偶匹诺曹每每说谎都能够被老爷爷猜透，老爷爷说："我亲爱的孩子，谎话一眼就能看出来，因为它们只有两种，一种是短腿的，一种是长鼻子的。你说的谎就是长鼻子的。"虽然这只是一个童话故事，但是"撒谎长长鼻子"的说法却让人印象深刻。

近年来，美国芝加哥嗅觉与味觉治疗与研究基金会的研究人员通过一系列的试验证实，人类在撒谎的时候的确会有表象体现在鼻子上。科研人员称："当人撒谎的时候，一种名为儿茶酚胺的化学物质就会被身体释放出来，从而引起鼻腔内部的细胞肿胀。科学家还通过可以显示身体内部血液流量的特殊成像仪器，发现血压也会因为撒谎而上升。"撒谎能够引发鼻子部位的血流量突增，导致鼻头膨胀，有发痒的感觉出现。这样一来，撒谎的人便会下意识地触摸自己的鼻子，企图通过频繁摩擦来缓解鼻子发痒的症状。

销售人员林志峰已经提前预约和客户在周五见面，客户也爽快地答应了。不过，这几天不断有小道消息传出，林志峰的客户正在频繁与其他公司的销售人员见面。为了保险起见，周五一大早林志峰就打电话给客户，想要确定见面时间。电话是客户的秘书接的，他说话犹犹豫豫，有明显的迟疑、重复，声称"经理马上就要出差"，林志峰意识到对方很有可能在说谎。他礼貌地挂断电话，随即来到客户的公司楼下等待。

　　下班时间到了，林志峰发现客户的车子缓缓驶出，他快步走到车前。显然，客户看到林志峰的到来猛然一愣，随即微笑着请他上车。在车上，客户说："今天本来需要出差的，但是临时有会议，所以改变了日程。"他摸了摸自己的鼻子，又说："总公司下发了财务通知，我们之间那笔生意的款项出了点问题，我看合同还是暂时不要签了。"

　　客户频频摸着鼻子，显然是在撒谎。对于客户的谎言，林志峰一笑置之并没有戳破，而是从其他方面入手，委婉地为客户计算如果他签单，将会得到多大的利润。林志峰的话语刚落，客户的眼睛突然亮了一下，随即改口说："我可以向总公司争取一下，签单的事情好说。"

　　林志峰是如何看穿客户的谎言的呢？是客户频频触摸鼻子的动作揭示了真相。根据科学家试验证明，人在撒谎时触摸鼻子的概率很高。

　　其实，摸鼻子是经常发生的一个小动作，有时候这个动作只不过是感冒、鼻子过敏或者其他不适所引起的。那么我们该如何擦亮慧眼，通过对方摸鼻子的动作有效鉴定对方是否在说一些与真实想法相悖的话语呢？

　　① 单纯性鼻痒：由感冒或者过敏所引起的鼻子不适，人们多用单一揉擦鼻子的手势，并不会有其他辅助动作。

　　② 说谎时鼻痒：说谎时，人类的大脑需要构建本不存在的虚拟图像，说话的语速、节奏就会有相应的变化。倘若对方不断触摸鼻子，说话或语速增快，或抑扬顿挫，你就需要对他听说的内容加以注意了。

　　③ 焦虑、愤怒性鼻痒：除了说谎者，愤怒或焦虑之人也会有鼻痒的情况，这是因为在负面情绪的作用下，他的鼻腔血管迅速膨胀。在这种情况下，触摸鼻子往往还会伴随皱眉、嘴角下撇等表情。

美国的神经学者阿兰·赫希和精神病学者查尔斯·沃尔夫深入研究说谎者触摸鼻子的举动，发现只要谎言一说出口，说谎者大都会每隔 3.5 分钟触摸一次鼻子。不过由于男性与女性存在生理差异，男士与女士说谎时触摸鼻子的动作也大不相同：男性说谎者通常都会下意识地触摸鼻子，动作会稍微加重，这是因为他想通过用力揉擦来缓解说谎造成的鼻痒现象；女性说谎者会轻轻触摸鼻子，沿着鼻子下沿快速摩擦几下，这个动作幅度很小，几乎难以被人察觉。

别混淆了笑容的多种含义

笑容是人的面部表情之一，也是人与人交流的古老方式。我们通常认为，笑只是展示快乐、展现幽默，其实不然，表情学专家通过长时间的观测得出结论：不同的笑容蕴含着不同的心理。在交流中，笑容是心理状态的外在显示，流露出微妙的心理。

笑容背后究竟隐藏着什么样的秘密？怎样通过观察客户的笑容来判断其真实意图？

下面事例中的销售员为我们做出了榜样。他通过观察客户的笑容判断出了客户的真实内心，并根据其微表情的变化适时地转换了自己的销售重点，从而顺利地拿下了订单。

"您看我们的这些吸尘器，款式新颖不说，还特别省电。"关梅边向一家卖场的采购经理介绍自己的产品，边看对方有什么反应。

"嗯，是不错。"

"我们的吸尘器真的是既美观又经济，在同类产品中，很有卖点。"

"看起来是这样的。"

"我看咱们卖场的吸尘器卖得都不错，如果再选择我们这款产品，相信可以吸引更多的消费者。"

"也有道理。"

关梅实在搞不懂为什么这位采购经理总是在说完一句"不错""是这样的""也有道理"后便闭上嘴巴微笑着继续听自己说。

从他的回答中，关梅认为他始终没有拒绝，所以是有意采购的，但是他又迟迟不开口下单。他的微笑也让关梅觉得很特殊。因为那是一种嘴巴不张开的微笑，嘴角分别向后拉伸，但是并不上扬。这种微笑似乎隐藏着内心的某种真实想法。

究竟是什么呢？关梅思考了片刻，突然，她想起来了，这种微笑意味着拒绝。是的，她曾经看过一本关于微表情的书，里面讲到一位微表情专家就是根据一个犯人的这种表情而判断出其内心隐藏着不想透露出实情的秘密。

想到这里，关梅反而松了一口气。尽管她已经从客户的笑容里了解到对方虽然口头上不反驳，但是内心却在拒绝。在她看来，客户拒绝并不可怕，想办法找到令他无法拒绝的方式就是了；而不知道对方的真实意图，盲目销售才是可怕的。

关梅想，自己销售的吸尘器的确很漂亮，但是说实话，别家的产品外观也并不逊色。说到省电的优势，也并不是特别突出的地方，难怪那位采购经理总是不置可否呢。

关梅忙把介绍产品的重点转移到了另外一个方面——"当然，我们的产品最突出的优点是，灵活小巧，吸尘无死角，放置不占空间，使用便捷。我来给您示范一下吧。"

此话一出，那位采购经理的特殊笑容不见了，取而代之的是极感兴趣的眼神。关梅知道，自己的销售成功了。

从关梅的销售经历中不难看出，善于观察客户的微表情是销售成功的关键因素之一，哪怕是那看似平常的笑容，也不容忽视。下面我们具体看看那些特殊的笑容背后都隐藏着怎样的秘密。

① 双唇紧闭式笑容。这是不张开嘴巴的笑，此时的面部表情为双唇紧闭并且向后拉伸，形成一条直线，没有一颗牙齿外露。

这种笑容是一种拒绝的信号。它表示对方并不愿意与你分享自己的观点或者看法，不想让任何人知晓内心的秘密。另外，如果遇到不喜欢的人，逢场作戏的笑容也是这个样子的。

一旦客户出现类似的笑容，你就要及时调整说话方式，以迎合对方的心理。

② 嘴角微微上扬式笑容。并不是所有的笑容都是善意的，有的笑容是对方违背内心真实意愿而伪装出来的，例如嘴角微微上扬，但转瞬即逝。这种笑容维持时间很短，通常在几秒钟内结束。

之所以出现这种笑容，可能是因为这个人不满意你的处事方式或者为人，出于不得已，他只好用敷衍的笑容来应付你。但是，这种笑容并非出自本能，也不会给他人带来愉悦的满足感。

当你掌握客户的这一情况，就要酌情处理后面的销售事宜。你应该揣摩对方的想法和态度，重新调整思路，换种说话方式。

③ 突然中止式笑容。原本露出笑容，而后立刻板起面孔。脸部表情变化仿佛是在一瞬间触动了某个机关，笑容说来就来，说去就去。

出现这种笑容时，证明他的内心已经将事情盘算好，这种人相当难缠，万万不可以掉以轻心。

对于销售人员来说，这类客户较有心机，是需要加倍谨慎对待的对象。也许你不经意间的言语或者举动就为他提供了"可乘之机"，令其占据销售过程中的主动权。

销售需要和谐、轻松的氛围，为了避免和客户在交谈过程中的冷场和尴尬，销售人员应该学会观察对方的笑容，并且引导对方开怀大笑。只有营造出温馨、和谐的氛围，客户才能感受到你的真诚。正如迈阿密大学的心理学教授莱乃特·安伽所说："追求快乐是人的基本心理需求，每个人都希望心情愉快，只有对方感到了愉快，他才会向你敞开心扉。"

点头摇头的真意要分清

点头和摇头是出现频率非常高的。如果仔细回想，你会发现，几乎每一次与客户的接触中都有它们的踪迹。那么你是否知道它们背后的真意呢？

"点头 YES，摇头 NO，来是 COME，去是 GO，"这是孩童都会背的顺口溜，我们姑且不去讨论翻译的正确与否，单就"点点头就代表是""摇摇头就代表否认"的说法探讨一下。

进化生物学家认为人类摇头的动作起源于襁褓中的哺乳期，这是新生儿与生俱来的动作。科学家分析，当呱呱坠地的婴儿吸吮了足够的奶水之后，他就会左右摆动头部，以此告诉母亲"我已经吃饱了"。随着时间的推移，孩子慢慢长大，他们会在以后的日子中用摇头来拒绝自己不想要的事物。同样的道理，点头是个体想要告知外界自己的肯定情绪。

那么，在销售过程中，客户的点头和摇头究竟有哪些含义呢？不要认为这个问题无关紧要，如果你不理解，就可能会失了客户，丢了订单。

小米挨家挨户销售洗衣机，当她看到一户的女主人正在用一台很破旧的洗衣机洗衣服时，认为自己这次肯定能销售成功。于是她满怀信心地跟那家女主人说："哎呀！这台洗衣机太旧了，用旧洗衣机是很费时间的，也很费电，我建议您赶快换新的……"

听小米这样说，那位太太笑了笑说："是的，它的确旧了。"

"那我给您介绍一下我们的洗衣机吧，它一定很适合您！"

小米兴奋地说，"我们这款洗衣机外观那是没得说了，更为关键的是，它省电省水……"

"那不错。"那位女主人回应着。

"您看您今天能定下来吗？如果今天能交一部分定金，还可以给您优惠一些。而且我也能尽快安排送货。此外，您现在这台破洗衣机也可以抵一部分钱。"

"暂时定不了，我这台洗衣机虽然旧了，但是还很耐用，至今也没有出过什么故障。这样吧，你先回去，我考虑后，如果需要就联系你。"

本来还很有激情的小米，一听对方的最后一句话，心凉了半截。因为她知道，客户说这样的话，十有八九就是不想购买。

但是她不明白这是为什么。回到公司后，她跟经理谈起这件事情，经理要她好好回忆一下当时的情景，想想当时对方在肢体方面都有哪些反应。

小米把当时的情景仔细回想了一下，才感觉自己可能真的是忽视了对方的肢体语言。她想起来，当自己一开始说对方的洗衣机太旧，建议换新的时，对方虽然也笑着说"的确旧了"，但是说这话的同时却做出了摇头的动作，这个动作不大，所以当时小米也没在意。同样在最后当小米说"这台破洗衣机"时，对方也轻轻地摇了摇头。

难道这轻轻的摇头动作说明对方并不赞同小米当时的说辞吗？

"我看问题就出在这里了，"经理说，"我们做销售的，在向客户销售产品时，一定不能忽视客户的肢体语言。因为肢体语言是最诚实的语言，它能反映客户的真实想法。你口口声声地说人家的洗衣机'太旧了'，是'破洗衣机'，人家不能接受，虽然表面上对你还算客气，但是内心已经有抵触了，对于你的说辞，人家是不赞同的。那轻微的摇头动作就说明了一切。"

后来，经理又派销售员小夏去那位女士家销售洗衣机。小夏是个很细心的女孩，她总能从客户的肢体中判断出对方的真实心理，并由此采取有针对性的销售方式。当敲开那位女士家的门，发现那位女士恰好又在用她的旧洗衣机时，小夏忙说："这真是台令人怀念的旧洗衣机，因为它很耐用，所以对您有很大的帮助吧？"

"是啊！不过它真的是有些旧了。"那位女士说。

对话中，小夏暗中观察着那位女士的肢体动作，当自己说她的洗衣机"耐用""有很大的帮助"，那位女士微笑着点头。这恰恰说明自己说的话暗合了她的心。于是，小夏继续从这一方面展开话题："我能看出来，您对它很有感情。东西和人一样，久了就离不开了。"

小夏看到那位女士频频地点头，所以觉得时机成熟了，因此继续说："不过，毕竟时间太久了，这洗衣机的零部件也有一定程度的损耗了。难道您不想让它休息吗？同时也使您在洗衣服的同时更加轻松？"

"是的，它的确该休息了，也许我确实需要一台新洗衣机。"那位女士还在轻轻地点着头。

……

小米和小夏之所以一个被拒绝，一个被接纳了，就在于前者忽视了客户摇头的真正含义，没能及时地转移话题，而后者则注意到了客户点头的肢体动作，从而说出了暗合客户心理的话。可见，能否读懂客户的肢体动作决定了销售的成败。微表情专家也分析说，人们点头摇头的动作大都是发自内心的，当对某人、某事或某种说法表示认同时，会情不自禁地点头；反之，则会摇头。当然，点头或摇头的形态有多种，具体的含义也有多种。销售人员在面对客户时，一定要仔细观察，才能做出正确的判断。

① 客户每隔一段时间点一次头。销售过程中，我们会发现不少客户都会边说话边点头，一般点头的次数为3~5次。这个动作就说明，客户的表达欲望已经被激发出来了，他想通过自己的言语来进一步搞清楚一切和产品有关的事宜，比如说产品特征、收货流程和售后服务等。

② 缓慢点头。当客户缓慢点头的时候，意味着他已经同意你所给出的意见或者建议，而且这个决定是经过深思熟虑的。

③ 快速点头。也许你正在滔滔不绝地讲解产品的优点，可是客户却频频快速点头。这时你一定要注意，客户并非是在表示认同，而是在催促你快一些结束谈话，他已经不耐烦或是等不及了。

④ 轻轻摇头。如果客户对你的意见表示赞同，但是他在说话的同时却又轻轻摇头。那么不管客户的话语有多真挚，摇头的动作已经折射出他内心的反对态度，这正如一个人一边摇头，一边品尝食物说"嗯，太美味了"或"吃起来棒极了"，想必你在第一时间就能够感觉到"他在说谎"。

⑤ 摇头幅度很大。使劲摇头的信号体现的是"坚决否认"。微表情专家解析，当一个人接收到与自己内心意愿相反的信息时，他就会努力进行澄清、解释，头部会下意识地猛烈摇摆。

从双手判断客户的真实态度

行为专家肯·罗宾斯认为，我们的祖先在远古时代就学会了简单的自卫方法，比如说躲到障碍物之后。如今，这个动作在孩童身上十分常见，当他们感觉到危险的时候，就会在第一时间躲到爸爸、妈妈身后，以此来寻求保护。随着时间的推移，长大的人们已经意识到躲在障碍物之后只不过是在"掩耳盗铃"，很多问题都要自己直接面对。某些时候，人们是在"硬着头皮"顶住。也许人们的脸上表情自然，但是双臂紧紧交叉在前胸的动作已经证明正试图保护自己。

日子一天天流逝，人们的阅历和经验也在不断累积，于是双臂紧紧交叉在前胸的动作已经演变成为"稍稍放松手臂，以及配以双腿交叉的动作"，以此来掩饰内心的紧张与不安。

对于双臂交叉的动作，肯·罗宾斯在《自卫性防护》一书中解释道："双手交叉抱于前胸的动作很可能源于人类的本能，之所以要将双臂放置于胸前，其目的也许是想要保护心脏这个重要的生命器官。"另外，当猩猩或者猴子感受到来自正面的危险时，也会做出同样的动作来保护自己。看来，当人有双臂交叉的姿势出现的时候，也就是他想保护自己的时候。

张斌是一名电子产品销售人员，有一次他结识了一位大客户，对方也曾表示过合作的意向。为了发展这位客户，张斌经常与他联系。起初，这位客户流露出非常强烈的购买意愿，可是每当问到"何时正式签约"等敏感问题时，他就会找各种理由推辞。为了弄清楚究竟是什么导致了客户反复无常的举动，张斌决定登门拜访。

一天傍晚，张斌轻轻按下了客户家的门铃，开门的是客户的妻子。张斌简单地进行自我介绍，并且说明了来意。只见这位夫人双臂交叉地站在门口，不耐烦地说："他不在，你改天再来。"客户妻子双臂交叉站在门前的动作显然是一种拒绝。

无独有偶，美国联邦调查局在一次侦查中，发现一名逃犯可能藏匿在其家中。几名特工来到逃犯家里，向逃犯妻子询问一系列问题。这位妻子双臂交叉，说："我并不知道我的丈夫去了哪里，他没有在家。"随后，特工再次问道："你的丈夫会不会在你上班的时候悄悄回家？"逃犯妻子又一次将双臂交叉放置于胸前，说："肯定不会。"通过她的这两次动作，特工认为逃犯妻子在撒谎。于是，其中的一名特工迅速回去申请了搜查令，最终在他家储放杂物的阁楼中发现了这名逃犯。

正是逃犯妻子"双臂交叉"的动作泄露了秘密。她之所以做这个动作，是因为撒谎产生的内心不适，这使她对特工所说的事情产生了抗拒之心。

在销售过程中，某些客户也会双臂交叉抱在胸前，这就好像构筑了一道无形的障碍物，将一切不喜欢或者不感兴趣的事物都挡在外边。

①客户抓握式双臂交叉。如果客户的双手紧紧抓住双臂，交叉放在胸前，意味着他感到不安和紧张，他多半不会购买你所销售的产品。这是一种消极、谨慎、紧张的心理反应，对方试图通过这种环抱式的动作来对自己进行安抚与宽慰。

②客户轻松式双臂交叉。尽管这也是一种拒绝，但是与第一种交叉方式不同，这种动作象征着客户虽然抗拒，但是他并不认为你会对他构成威胁。也就是说，他对你所说的、所做的不感兴趣，也不想和你产生任何关联，但他对你并无敌对感。

走姿不但能暴露性格，还能暴露偏好

　　每一个正常人都会走路，但是每个人走路的姿势却不相同。但是你知道吗？通过观察步率和姿势，就可以看出一个人做人的姿态。

　　莎士比亚曾这样描述一只大公鸡走路的姿态："这个高视阔步的运动家，为自己的脚筋而自豪。"大文豪是幽默的，他用骄傲的大公鸡形象地比喻了那些自大高傲之人的走路姿势。

　　还曾有这样一篇报道：

　　墨索里尼的走路姿势十分特别，与众不同的他喜欢抬起下巴夸张地摆动手臂行走。可是他的腿却极其不配合，僵僵的，直直的，仿佛承受不住全身的重量。他的步伐沉重而且缓慢，好像拖着腿前进似的。

　　曾经有个好事的医生问墨索里尼："先生，您有腿疾吗？我是一位知名的骨科医生，我可以帮您解除病痛。"

　　墨索里尼听到这话后勃然大怒，将好事的医生赶了出去。原来，墨索里尼并没有任何腿疾，他之所以要这样走路是为了加深别人对他的印象。好事的医生本想拍拍马屁，没想到却拍到了马腿上，只得灰溜溜地走了。

　　从此以后，一个新的称谓出现了，那就是"墨索里尼式走路"。慢慢地，很多人开始用这一称谓来嘲笑那些自满甚至傲慢的人。

　　一个人的走姿也在很大程度上反映出了其性格。销售人员在销售过程中应注意这一方面，以找到有利于销售的信息。

　　一大早，奶粉销售员赵庆的心情真可用大起大落来形容。事情是这样的，超市刚一开门，奶粉专柜就迎来了两位客户。

　　第一位客户几乎是踩着碎步跑过来的，他向赵庆说明了来意，想为一个月大的孩子选购奶粉。本着客户至上的原则，赵庆热情地接待了这位客户，并且向他推荐了国内外不同品牌的奶粉。在推荐奶粉的同时，赵庆将其优缺点一一列举，以帮助客户做出合理判断。令赵庆没有想到的是，不管她解释得多么详细，这位客户都会问个不停，仿佛对每个品牌的奶粉都有疑虑。尽管赵庆再三声明，这些奶粉的质量是符合国家检验标准的，但是客户依然喋喋不休地抱怨着。就这样，赵庆接待这名客户一共用了两个小时，这令她十分疲倦。

　　这位客户刚走，另外一位男性客户沉稳地走了过来。这位客户十分有礼貌地请赵庆为其简单介绍不同品牌奶粉的特点，随后经过片刻考虑，爽快地购买了国内某知名品牌产品。购买完毕后，客户还彬彬有礼地向赵庆道谢。送走这位客户，赵庆看了看手表，整个销售过程仅为十分钟。

　　通过销售员赵庆的经历，我们可以认识到走姿不同，性格也就不同。面对不同走姿的客户，销售人员需要采用不同的销售方式。

　　① 走路轻快。走路轻快人的性格多为爽朗型，如果客户走路姿势一直非常轻快，那么他很可能心无城府，善于交际，是一个容易接触之人。买或不买，他常是看心情决定的。

　　② 脚步沉稳。现实中我们不难发现，成熟的人都不会将喜怒哀乐挂在脸上，其走路也较为稳健有力。这种客户习惯于在心中进行思考，不管在生活还是在工作中，他们都很理性。很多时候，外人很难看出他们心里的想法。面对这类客户，与其猜来猜去，不如直接开口询问。他们的喜好通常比较稳定。

　　③ 速度和跨度一致。如果细心观察，你就会发现，国家首

脑或者领导人走路的速度和跨度基本是一致的。因为，只有这样，身后的随从和下属才能保持一致的步伐。这种走路姿势是一种权威的象征。当你碰到他们只需要把产品的各种信息传达给类似的客户时，他们就会有自己的决定，过多的催促反而会让他们反感。

④走路时身体前倾。这种走路姿态多出现在男性身上，走路时身体前倾的客户性格多为温柔、内向。他们为人处世谦逊且低调，一般具有良好的自身修养。简约、优雅是他们喜欢的风格，如果能够有文化内涵，有动人的故事，他们会更加钟爱你的产品。

⑤有力的步伐。有些男性客户走路步伐有力，双手有规律地摆动。这类人群意志力较强，他们对自己的信念极为坚持，不会因外在环境和事物的影响而有所改变。他们的喜好单一，他们决定的事情不会轻易改变。如果你想要改变他们的态度，很可能需要长时间的努力。

⑥走路踱方步。走路姿势为踱步的人性格稳重，会时刻保持清醒头脑，不会让任何带有感情色彩的事物来影响自己的判断与分析。他们消费时非常理性，会仔细权衡选择对自己最有利的方案。

他的坐姿决定了你的策略

心理学家威廉·詹姆斯认为："人的每一个动作都与其内心变化有着很大的关联。"以人的坐姿为例，它可以反映出一个人的心理变化过程。

开放的坐姿是这样的：无拘无束，双腿岔开，双手自然扶于办公桌或者椅子扶手上。该姿势代表的含义是心中对别人所提的问题早就想好了应对的方法，而且不会轻易地改变自己的决定。换言之，其内心的潜台词是："无论你怎样说、怎样做，我都有办法搞定！"

张华是一家日化产品公司的推销员，她的工作就是与各大型超市进行洽谈，希望对方能够代理自己公司生产的日化产品。

这一天，张华如约来到某超市经理赵辛的办公室，两个人早就在电话里约好要面谈有关合作事宜。张华随着赵辛秘书的引导，径直走进对方的办公室，只见赵辛舒适地"窝"在自己那张宽大的老板椅内，一副非常惬意的模样。

张华与赵辛见面不久，就直奔主题。张华希望赵辛的超市采购一批日化产品来零售。而赵辛却有着另外一番打算：他们只管代销，销售出去利润分半；如果销量不好，所有后果都由张华的公司承担。听到这里，张华不由得皱起了眉头，这是典型的"不平等条约"，她心里极不认同。但为了争取赵辛这位客户，张华没有放弃，她好话说尽，希望对方能够改变条件和合作态度，但是对方一口咬定："合作就按照这个方法办，否则免谈。"

张华费尽了心力却没有结果。

其实，张华早就应该意识到对方的态度有些问题。因为赵辛开放式的坐姿已经无声地表达了这样一个信息：他已经对需要做出决定的事情有了应对方法，也就是说，无论张华提出哪种合作方式，只要与他心中想象的不符，他都不会答应的。

开放式坐姿证明此人心中早就有数了，倘若客户摆出这样的姿势，销售人员就要小心应对了。

①如果对方摆出开放式坐姿，且一言不发，那就意味着他已经有了自己的想法。遇到这种情况时一定不要慌张，而要让自己在短时间内冷静下来，分析在洽谈或者销售过程中是否存在纰漏，从而令对方有了这种稳操胜券的心理。

②在洽谈或者销售中，尽量用一些疑问语句来试探对方的态度，争取摸透对方的底牌，从而找到获胜的转机。

③如果对方一直摆出开放式坐姿，没有一丝商量的余地，那么"沉浸于失利的洽谈中只会让自己陷入被对手认为输不起的尴尬境地"。此时，果断地告辞正是"以守为攻"的销售策略。

下面来看一看封闭式坐姿。这种坐姿的特征是双腿、双臂都呈现出交叉状。这是典型的戒备姿势，从这个姿势中不难看出其内心的担忧和紧张情绪。

很不幸，王新的工厂在金融危机大潮的袭击下变得风雨飘摇。为了挽救工厂，王新邀请全国各地的经销商来共同商定对策。

会议刚刚开始，王新就发现绝大部分经销商表情严肃，且双脚、双臂交叉地坐着，一言一行十分谨慎。看到经销商的坐姿，王新的心里顿时凉了一半，他不由得暗自想道："看来这次商讨很可能不会成功，每个经销商都害怕受到牵连，不愿意与工厂再有任何联系。"

果然，王新刚刚说出几点应对方案，一名经销商就打断了他的发言，直截了当地说："与工厂的合约到此为止，双方以后毫无关系。"这名经销商话音刚落，不少人也纷纷附和，他们不愿意继续代理工厂产品，决定自己另寻出路。

风雨飘摇的工厂已经得不到众多经销商的信任，为了避免"引火烧身"，他们决定终止合作，而这个意愿早就从其封闭的坐姿中透露出来了。

在王新发言的过程中，如果经销商感兴趣，他们的身体要么前倾，要么做出思考的动作；但是，这些经销商始终保持封闭的坐姿，证明他们的内心一直处于戒备状态。

当一个人保持封闭坐姿的时候，他们的内心也是封闭的。如果想打开他们的心门，就要从"打开"封闭坐姿开始入手。

①面对坐姿封闭的客户，如果你想要说服他，就要先从改变其坐姿开始，比如说你可以邀请他坐到其他地方，从而令其姿势发生改变。

②坦诚应对。对方之所以防备心理极强，那是因为他们怕受到伤害。此时，坦诚地与之交往也许是改变其戒备状态的方式之一。

别错过客户的疑虑信号

在销售过程中，你是否也遇到过这样的客户：你询问对方是否对你的产品感兴趣，当你认为基本达成共识，准备签订协议时，对方将手指放在嘴边轻轻抚摸，或者用笔头轻抵下唇？销售员小王就遇到了。下面一起来看看他的经历。

小王作为公司的销售代表去参加了一次商务洽谈会。为了拿下那个订单，小王可谓使出了浑身解数，然而对方没有想要合作的意思。最后，小王决定，将成交价格压低两个点。面对突如其来的变化，对方洽谈代表显得有些手足无措，他下意识地用手中的笔轻抵下唇。小王是一个有心人，很擅长观察微表情，通过对方的这个小动作，小王当即判断出对方虽然已经被自己的条件说动了心，但是仍然有些犹豫。

为了不再继续拖下去，小王赶忙积极地向对方承诺和保证，并且努力让对方感受到他的诚意。对方接收到这些号后，便陷入了沉思，过了一会儿，对方那拿着笔轻抵嘴唇的动作不见了，他决定购买小王他们的产品。

之所以能够让交易顺利达成，是因为小王在给出了较为有利的条件后，注意到了对方的小动作——用手中的笔轻抵下嘴唇，并从这个小动作中判断出对方有些犹豫不决。为了让对方不再迟疑，小王及时地给出了更多的承诺，表达出自己的诚意，从而促使对方从"用手中的笔轻抵下唇"到"拿着笔轻抵嘴唇的动作不见了"，对方从感到孤立无援到与小王达成共识，形成统一战线，从犹豫不决到决意下单。

小王的这次经历，可以给每一位销售人员以启发：要想读懂客户的心，就一定不能忽视对方那些不起眼的小动作。这些小动作虽然看似平常，却能真实地反映出客户的内心世界。哪怕是简单地用手指轻触嘴唇或者用笔轻抵嘴唇，都不能忽视掉。而这样的说法并不是凭空捏造的，是心理学家通过长期的研究得出来的。

据心理学家研究，人们在缺乏安全感的时候，会下意识地将手指放到嘴唇边上，以此寻求慰藉。这个简单动作的最初起源是婴儿时期的吃奶动作：婴儿通过吸吮母亲乳头来获得安全感，这种潜意识会跟随人的一生，以至于成年人感受到危险存在后也渴望婴儿时期母亲给予的那种单纯的安全感受。所以，人们感受到孤立无援或者犹豫不决的时候，就会将手指放到嘴唇边上，偶尔还会用一些实物来替代手指。

在销售过程中，有时候客户出于这样或那样的考虑，迟迟决定不了是否购买此件商品。当客户的内心充满了疑虑时，他很可能做出将手指放到嘴唇边上的动作。倘若销售人员发现客户有这个手势，就要让客户看出自己的真诚，并且给予一定的承诺让客户安心。当然，这种承诺一旦做出，销售人员就要信守承诺。

当然，客户疑虑的信号并不是只有把手指放到嘴唇边这一个。当客户出现下面这些微表情时，销售人员也不能掉以轻心。

①客户不断地问"为什么""怎么会"：如果你遇到的客户总是有"十万个为什么"，那么，不妨多费些功夫来给他介绍你的产品。如果你产品介绍得很清楚了，他还在问"为什么"，那就说明他对购买产品存有疑虑，或许是他还没有找到自己购买的理由。那就想办法帮助他发现他的真正需求，如此，他的"为什么"就会越来越少了。

②眉毛上扬：客户对你所说的话、所做的事存有疑虑，并不认同。这时你需要为他提供更加真实可信的"证据"，又或者让更具有权威性的人来说服他。

③脚尖朝向门外：客户想要逃离，这种逃跑的欲望可能是因为内心充满疑虑，一时间难以决定是否购买，他想要"离开之后冷静考虑"。此时，你需要给他一个更加充分的购买理由，或者对你和你的商品更多的信心。当然，还有可能是因为厌烦，你的喋喋不休令客户快要无法忍耐。如果是这样，你最应该做的就是干净利落地结束谈话，另寻时间开展销售活动。

④双腿交叉动作之双腿交缠：这种动作多出现在女性身上，男性相对较少。这个动作虽表明没有防备心理，但并不代表成交，客户的内心里很可能还存在着某种疑虑。如果你因为看到对方双腿交叉站立就认为对方是轻松自在的，是愿意与你坦诚相对的，便直入话题，很可能达不到预期的效果。因为交缠的双腿在明确地告诉销售人员：她的疑虑还没有消除。不如换一种友好而温和的方式吧，比如来点小幽默，或者谈谈时尚，聊聊家常，这可能会一点点地打消客户的疑虑。

在销售中，及时发现疑虑，才能及时补救，进而成功销售。销售人员一定要牢牢记住上面的疑虑信号，并预先想好应对措施。

正确识别客户的成交信号

作为一名销售员，不仅需要拥有良好的沟通能力，同时还要具备一定的观察能力。在销售过程中，有些销售员说起话来总是滔滔不绝的，总想以口才说服客户，但是却忽略了对客户言行举止的观察，以至于不能准确地判断、识别和把握客户发出的成交信号，从而错过最佳的成交时机。

某配件生产公司研发出了一种新型的配件，较过去的产品有很多性能上的优势，价格也不算高。销售人员钱亮亮十分勤奋，沟通能力也非常不错。公司让钱亮亮立刻联系了几个老客户。他们都产生了浓厚的兴趣。

其中，有一家企业的采购部主任表现得非常热情，反复向钱亮亮咨询有关情况。钱亮亮详细、耐心地解答，客户频频点头。双方聊了两个多小时，十分愉快，但钱亮亮并没有向客户索要订单。他想，客户对产品的了解尚不透彻，应该多接触几次再下单。

几天后，他再次和客户联系，补充了上次遗漏的一些优点，客户非常高兴，就价格问题和他仔细商谈了一番，并表示一定会购买。此后，客户多次与钱亮亮联络，显得很有诚意。

为了进一步巩固客户的好感，钱亮亮一次又一次地与客户接触，并逐步与客户的主要负责人建立起了良好的关系。他想："这个单子肯定是十拿九稳了。"

然而，半个月过去了，客户的热情却莫名其妙地慢慢降低了。

再后来，客户还发现了他们产品中的几个小问题。如此拖了近一个月后，这个就要到手的单子就这样废了。

钱亮亮为什么失败？是缺乏毅力，沟通不当，还是新产品缺乏竞争力？都不是。其实关键就在于钱亮亮没有把握好成交的时机！

很多销售人员之所以得不到订单，并不是因为他们不努力，而是因为他们不懂得捕捉和识别客户的成交信号。他们对自己的介绍缺乏信心，总希望能给客户留下一个更完美的印象，结果反而失去了成交的大好时机。

当然，成交的时刻不止一个，成交有许多时刻。但是，销售人员要尽可能在出现第一个信号的时候就有所收获。就像上例中的钱亮亮，如果他在客户第一次对产品表现出兴趣的时候，就要求下单，会怎么样呢？虽然不能保证有百分百的成功率，但是至少机会是非常大的。

一般而言，客户在做出成交决定之前，都会不自觉地发出成交信号，例如充满希望的眼神、积极询问、反复拿起产品观看等。只要销售员仔细观察，这些都不难发现。但是，如果在客户发出成交信号时销售员没有注意，客户就可能因为内心需求没有获得重视和满足而突然改变主意。因此，在销售过程中，销售员务必要对客户多观察，特别是在销售工作进入最后阶段时，更要注意观察客户的反应，认真识别客户发出的成交信号，以抓住最佳成交时机，顺利地完成销售工作。

然而，客户发出的成交信号是多种多样的，销售员要想准确地识别并非易事。那么，作为销售员，应该如何及时、准确地识别和把握客户的成交信号呢？

（1）识别客户的表情成交信号

一个人的面部表情可以在某种程度上透露出一个人的内心想法，同样，客户在准备做出成交决定前，也会有意无意地通过面部表情表现出自己的成交想法。所以，在销售过程中，销售员要认真观察客户的表情，从中识别出客户的购买意向。

那么，客户的哪些表情说明其有购买的意向呢？这主要包括以下几个方面：客户紧皱的眉头逐渐舒展，表情由怀疑、拒绝转变为亲切、友好；客户表现出兴奋的表情，如眼睛发亮、嘴角微微上翘、面带微笑等；客户目光专注，表情轻松、愉悦。

在销售时，销售员一旦发现客户有以上表情，就要及时做出回应，抓住机会拉近与客户之间的距离，例如，借机向客户询问需要订购多少产品，希望使用何种付款方式、送货方式等，从而更快地成交。

（2）识别客户的动作成交信号

除了面部表情外，客户还常常会在举止动作中透露出成交信号，所以销售员在销售时还要特别注意客户的行为举止。有时，一些客户会为了压低价格而故意提出异议，销售员通过辨别其行为，就能较为准确地判断出客户的购买意向。一般而言，客户发出成交信号的动作主要有以下几种：

①对产品表示欣赏并不断用手触摸；

②让自己的朋友或者亲人一起体验产品；

③仔细翻阅、查看产品说明书或宣传册；

④频频点头，对产品介绍或产品本身表示满意；

⑤由戒备、紧张的姿态转变为轻松、自在的姿态。

当发现客户在销售过程中表现出以上某些方面的行为时，销售员就要根据具体情况做出适当的回应，通过引导刺激客户的购买兴趣，进一步增强客户的购买意向。

（3）识别客户的语言成交信号

在销售过程中，语言是客户流露内心购买意向的最直接的方式。所以除了仔细观察客户行为及表情外，销售员还要特别注意倾听客户的语言，并做到认真分析，以便准确、及时地识别客户语言中的内在含义，从中抓住成交的信号。

当客户产生购买意向时，通常会通过一些细节性的询问表现出来。这些细节主要有：

①询问产品某些功能的使用方法；

②询问交货时间；

③询问产品赠品或附件；

④询问产品具体的保养及维护方法；

⑤询问售后服务；

⑥询问产品在客户中的反响。

⑦以种种理由要求降价；

⑧对产品进行口头上的肯定和赞同。

因为客户不同、产品不同，所以具体情况和客户的语言表现也会有所不同，但是当客户已经开始询问以上这些有关产品的实质性问题时，大多表明其已经有了购买意向。这时销售员就需要迅速做出积极回应，及时回答客户提出的问题，并抓住时机向客户强调产品的优势，进一步拉近产品与客户的距离。

总之，销售员要仔细观察客户，从客户表情、动作、语言等方面观察出客户的真实想法和购买意向，一旦发现客户的成交信号，就要立即采取行动。相信在这种情况下，实现成交也就变得自然而然了。

第八章
没有无法解决的异议，
只有放弃的销售工作

　　有眼色，能读懂客户的心理变化有助于销售，但这对成功销售来说还远远不够。成功的销售更需要销售人员有对于异议的响应策略。只有突破客户的心理防线、解除客户的心理包袱、赢得客户的心理认同，才能在销售场上叱咤风云。

嫌货的才是买货人

　　每一位销售员都知道销售过程往往不是一帆风顺的。销售员经常会面对一些从鸡蛋里挑骨头的客户。销售员总是害怕客户对自己提出诸多要求，他们都希望能顺顺利利签下订单。其实不然，聪明的销售员都知道只有最挑剔的客户才是自己最忠实的客户，也只有最挑剔的客户才是最稳定、最长久的客户。

　　正所谓"嫌货的才是买货人"，一般而言，客户之所以对产品挑三拣四，是因为对产品有兴趣，并开始认真地考虑是否要购买的问题，这样自然就会提出更多的意见。因此，遇到问题很多的客户，千万不要否定客户的购买欲望，更不要埋怨、指责客户，应细心而诚恳地向客户讲解产品的优势。下面事例中的林先生就很好地做到了这一点。

　　林先生是一家水果批发公司的老板。他在一开始做水果生意的时候，时常会碰到一些挑三拣四的客户。

　　有一天，他碰到一位难缠的客户。这位客户边端详着手里的水果边说："你的水果也不怎么好啊，还那么贵？"

　　"呵呵，您放心，我的水果甘甜可口又新鲜，保证是这一带最好的，不信您可以和别家的比较比较，要不您尝一个试试？"林先生满脸堆笑，不紧不慢地说着，最后还拿出小刀给客户削了一个水果。

　　可是客户仍然摇了摇头，说："看起来有点儿小，我喜欢大点儿的。"

　　林先生还是笑呵呵地说："自己吃又不是送人，大点儿小点儿无所谓，只要好吃就行，您说呢？"

　　"可是你这也太贵了，能不能便宜点儿？"

　　林先生仍然非常耐心地笑着说："真的不能再低了，我们本来就是薄利多销，所有人都是这个价钱买的。"

　　不管客户是什么态度，林先生一直微笑着为这位客户解答问题。虽然这个客户嫌完了产品嫌价格，但最后仍然购买了不少水果。

　　林先生感慨地说："嫌货的才是买货人啊！"

　　其实，林先生的生意之所以做得好，不仅仅在于他的服务态度好、有修养、对自己的产品有信心，而且在于他对客户的心理具有深刻的洞察力。他能够看出谁才是真正的客户。他明白只有那些嫌货的人、爱挑剔的人才是真正有购买意向的人。

　　在销售过程中，客户随时都有可能对你的产品的任何方面提出异议。作为销售人员，一定要明白这一点，要时时刻刻做好这种心理准备，不能轻视客户的异议，更不能因此而对客户心存芥蒂。销售能力就是在不断地解决客户提出的异议的过程中增强的。那些对你的产品没有异议的人，往往是走马观花的看客，因为在他看来，你的产品好与不好和他根本没有什么关系，既然如此，他自然不会浪费心思、浪费精力地和你讨论产品。

　　"嫌货的才是买货人"，是销售中的一个规律。遇到这样的客户时，千万不可置之不理，也不能表现出不耐烦，更不能说出难听的话，比如当客户提出异议时，你张口就说："你懂不懂啊？好好看清东西到底怎么样再说话！"如果你真的这么说了，不仅会引起一场口角，还会失去潜在客户。在面对挑剔的客户时，你最好面带笑容，耐心而认真地倾听客户的挑剔内容，并且不可计较客户不礼貌的言辞和态度；即使你很有理，也不能得理不饶人，仍要感谢客户的挑剔；如果协商的场所不佳，应换一个较合适的地方；如果你本身不能解决问题，可请同事或上司出面；如果一时陷入僵局，可先暂停，建议仔细研究之后再谈。

一般来说，客户的挑剔都是有一定的道理的，若销售人员能从挑剔中仔细深入探讨，通常可发现产品或服务的一些不足之处。因此，面对客户时，最好先多了解一下客户的想法，然后就客户提出的问题与客户进行有效沟通。对于客户挑剔之处，如果的确有不足之处，可是共同探讨改善、解决之道；如果没有，应与客户充分沟通说明；如果需要时间解决或补救，应承诺时间。如此一来，就能够很好地解决客户的异议，令其放心购买产品。

总之，最挑剔的客户很可能是最忠实的客户，只要你恰当地处理了客户的挑剔，与客户保持互动，就能维护好彼此的关系。

永远不要百分百地满足客户的要求

东西获得太容易，就会让人怀疑它的真实性。一方面，在人的潜意识中，都认为得到就必须有所付出，所有东西都是需要通过努力才能获得的。太容易得到，会让人怀疑自己中了圈套，进而启动自我防御机制。另一方面，对方一看你答应得如此干脆，会认为你还有可以退让的空间，从而得寸进尺地向你逼近。

比如，一个客户对服装销售人员说："我很喜欢这件衣服，也是诚心想要购买，你就便宜50元卖给我吧！"销售人员说："好吧，看在您这么喜欢的份上，就按照您说的价格吧！"这时，客户有可能会产生两种想法：①"这么爽快就答应了，多半是衣服有什么问题，我最好还是不要了。"②"答应得这么爽快，一定赚了不少！不行，我可不能吃亏，我得再向他要点儿赠品。"

作为销售人员，在和客户洽谈的初始阶段，很容易忽视客户的这种心理，进而造成销售上的失误。切记，当客户第一次开价或还价的时候，无论客户开出的价格是否符合你的预期，都不要接受。

事实上，在洽谈中，对客户有心理预期，为自己设定洽谈的接受底线，是非常危险的。在销售中，给客户确定一个你自以为的所谓的最低预期，也是非常不明智的。这会导致你过于容易地接受客户的条件，进而损害自己的利益。

一家杂志的广告部招商人员向一位客户销售他们杂志的广告版面。由于这位客户对他们杂志的理念很认同，所以很有意向买下广告版面为自己公司做宣传。这位客户一开始就给出了800元，虽然低但还算合理。客户给出的这个价格正是招商人员接受的底线，对此这位招商人员感到很吃惊，但他并没有因为害怕失去这个客户就急于答应。相反，他考虑了一下对客户说："这样吧，我回去跟经理商量一下，大家研究研究，看看您这个价格我们是否能够接受，您这样的价格实在是太低了！不过，我会尽力帮您争取的。"

第二天，这位招商人员打电话给客户："不好意思，我没能帮您争取下来，经理觉得800元实在太低了。"

客户沉默了很长时间，然后说："那你们经理的意见是怎样的？最少需要多少？"招商人员回答道："1200元，这是我们经理给我的底线。""好吧，那就这样定吧！"客户说。

绝不要接受客户的第一次出价或还价！这是销售人员一定要遵循的原则。一旦你接受了客户的第一次出价或还价，也就使自己陷入了被动中，会失去为自己争取更多利益的机会。

在销售过程中，讨价还价、为自己的利益展开激烈的争论是在所难免的。当客户提出的条件或者价格你根本无法接受时，你势必会拒绝他，但即使你拒绝了客户的要求，你也不想失去这个客户；即使你拒绝了客户，你也不能把话说得太过直截了当。这样的拒绝太死板、太武断、太粗鲁，会在某种程度上伤害客户，使销售陷入僵局。

那么，怎样才能既明确地拒绝客户的要求，同时又不会失去客户呢？怎样才能在不伤害到客户感情的前提下，拒绝客户呢？下面这几个说"不"的拒绝技巧很值得销售人员借鉴。

（1）提出建议，介绍新去处

假如你没有客户需要的东西，可以提出一些与他所需要的产品有关的建议，或是介绍给他其他有这种东西的地方。

这种处处为客户着想的做法，很容易在客户心里树立起诚信可靠的形象，从而赢得客户的再次光临，比如：

"真抱歉，这种产品正好卖完了。您来看看这种，或许可以满足您的需要。"

"真是不好意思，我全找遍了都没有找到您所需要的尺码，这样吧，您明天再过来，我提前给您准备好。"

"您来得真是不凑巧，我们这里正好没有这种产品了。您可以去××路，在××地方，那里很可能会有。"

（2）补偿安慰拒绝法

当你在价格上无法接受客户提出的要求时，若断然予以否定，一定会破坏销售的气氛，减弱客户的购买欲，甚至可能会惹恼客户，从而导致交易的失败。为避免这种情况的发生，销售员在拒绝客户的时候，应在自己可以承受的利益范围内，予以适当的利益补偿，并以此来满足客户想买到廉价产品的心理，例如：

"价格不能再降了，这样吧，价格上您做一些让步，我给您再配上一副电池，怎么样？"

"抱歉，这已经是全市最低价了，要不这样，我负责给您送货，并且调试好，如何？"

（3）寓否定于肯定中

对于这种方法是指客户的要求，如果你满足不了，你的拒绝中并没有包含任何一个否定的词语，而客户却能听出你话语中的弦外之音。这种方法，让你的否定含义隐含在肯定句中，客户一听就可以明白，而没必要直接说出来。这既可以避免让客户难堪，也不会使客户觉得你的拒绝很唐突。比如：

（笑着说）"周经理，光天化日之下您这是要抢劫啊！"

"您开出的价格有点那个，您看是不是……"

在肯定句中包含有否定的意思，指出客户的要求有欠妥之处，像这样软弱的否定，一般不会伤害到客户的自尊心，且比较容易被客户接受，也能使交易顺利地进行下去。

（4）暗示法

你可以暗示客户，委婉地告诉客户，他所提的条件是不可能达到的。例如你可以对讨价还价的客户说："我想，如果我们能够采用劣质原料来降低成本的话，应该能以您开出的价格卖给您。可是，这样一来，恐怕您就不会买了。"

（5）认同法

人们渴望得到的是了解和认同，而非"否定"。因此，当你不得不拒绝客户时，要先从客户的不同意见中找出和你相同的"非实质性"的内容，表示赞同并加以肯定，让客户感觉到你很理解他，你们是"英雄所见略同"，这样客户就会和你产生共鸣；接着，不要去评论客户的条件或者说法，直接阐述你的观点，由于你的观点是在双方共鸣的前提下讲出来的，因此绝大多数客户都会认同。

所以，销售人员不要匆忙地接受客户的第一次出价或还价。要知道，第一次还价或出价只是客户的试探而已，一旦你接受了，客户就有可能得寸进尺或者对你的产品产生怀疑。当然，拒绝客户的话不能是冷冰冰的"刀子"，也不是疾风骤雨式的"子弹"，而应是和风细雨，如此才能避免客户因你的拒绝而产生反感。适时拒绝是销售员在和客户沟通时必须掌握的销售技巧。

反驳上帝，你得学会打太极

所谓的打太极指的是用灵活的、恰当的语言做出态度不明朗的表达。其最大的特点就是含蓄而委婉地向对方表明自己的态度，而不是在立场上与对方公然对抗，这是一种静观其变的做法。

小吴是一位浴缸销售员。一次，一位客户上门拜访，希望购买一批合适的浴缸。老板让小吴负责接待。在经过产品介绍之后，双方进入了价格洽谈阶段。

小吴："您觉着这款浴缸还算满意吧，若满意的话，我可以给您打九折。"

客户："浴缸很好，我很满意，但是这价格太贵了！"

小吴："给您都已经打九折了，难道您还觉得贵？"

客户："还是很贵啊，我看最起码也要打八折！"

小吴："这款浴缸是限量发售的，目前只有这一个了。而且打九折已经是成本价了。"

客户："价格再低些吧。"

小吴："关于价格，我还需要征求老板的意见！如果我们的老板卖这款浴缸，顶多也就打九五折！"

客户："不用找你们的老板商量了，打九折就打九折吧！"

在价格洽谈中小吴没有直接拒绝对方，也没有答应对方的要求，而是对对方说："我还需要征求老板的意见。"这种委婉的态度，让客户意识到现在不以九折的优惠价格购买就没有机会了，于是他赶紧答应了小吴所给出的价格。可见，委婉的拒绝是一种有效的洽谈策略。

在销售过程中，有时候事情往往并不像你想象中的那么顺利，常常会出现一些意外的情况，比如双方在某个问题上一直不能达成统一意见，而且双方都不肯退让，这个时候，为了给自己留有一定的余地，你可以用打太极的方法，与对方在战略上展开周旋，而不是与对方激烈地争论。比如你可以说："我同意你的观点，但这实行起来有很大的困难。"如此一来，不仅为洽谈双方都留下了缓冲的余地，而且有效地协调和维系了双方的合作关系。

打太极策略的使用范围是很有限的，这并不是说什么时候都可以用打太极这种方法。这种方法只有用在恰当的时机才能获得有效的结果，否则就会适得其反。那么，应该在什么情况下进行模糊表态呢？

① 当对方的底线不明确时，宜用打太极策略。在洽谈的开始阶段，是难以断定对方的真正底线的。这时就需要等待、观察、了解、研究，切不可贸然行事，信口开河。同时，对方总是希望你的态度明朗一些，并且可以主动亮出底牌，但是你并不想也不能主动向对方透露你的底线，这时你就需要利用一些言语上的策略，将自己的意思表达得委婉一些，而不是直接反对对方的提议，比如你可以说："这个问题我们还可以继续商量一下。"这时，你就能把洽谈的局面控制在自己能够掌控的范围之内。当你采用这种方法时，双方会有继续商量的余地，等到时机成熟时，也许洽谈就会往有利的方向转化。

除此之外，你也可以用模糊表态的方法来探知对方的态度和底线，比如你可以说："这个问题很值得探讨，我想听听您的意见。"

② 当你无法对洽谈双方谈论的事情立即下结论或自己不能

做决定时，你往往需要采取打太极的方式。这样一方面可以为自己争取足够的时间来思索这个问题，同时也可以缓和对方的情绪，让对方有所期待。这是缓兵之计，同时也是一种带有弹性的策略，既不丧失主动权，又能为自己争取到足够的时间。例如，你可以说："对于这个问题，我需要回去考虑一下再给您答复。"

③ 当你不能保证信息的可靠性时，可用打太极模式。虽然洽谈本身要求洽谈人员的话语应客观、准确，并努力向对方传达真实的信息，然而在实际情况下，洽谈时的气氛瞬息万变，尤其是当洽谈人员掌握的信息不全面、对某个事物或某件事情的观点不确定、不能保证自己所提供信息的确切性和可靠性时，洽谈人员出于自我保护的心理往往会使用模糊语言，以掩盖自己话语的不确定性。例如，使用"通常""一般而言""据我所知""据我了解"这样的话语来表达出"情况只是根据我的了解，别人的认知可能不是如此"的意思，借以避免因情况变化而导致自己的话语被证明缺乏根据等情况的出现。

总之，打太极并不是不做决定，而是要以委婉的方式去消除客户的异议。你用这种方式为自己赢得洽谈的余地，获得洽谈的主动权时，洽谈便有成功的可能。

客户给你一次刁难，你还他一片荆棘

在谈判中，你难免会遇到被刁难的情况——客户会提一些不合理但你又不好拒绝的要求，问一些你不方便回答的问题等。这时，无论是勉强答应客户，还是与客户争论，又或者是指责客户，都不是好方法，会破坏谈判气氛，甚至会导致谈判破裂。那么，你应该如何应对呢？

这时，你不妨运用"把问题丢进荆棘里"的策略。"把问题丢进荆棘里"的策略指的是在客户"诘难"或过分要求销售人员时，销售人员以"荆棘"——客户不可推翻的理由拒绝客户的要求，令其收回自己的主张或要求。在谈判中，这种策略可以成为回避刁难和赢得谈判的护身符。下面事例中的丹尼就是因为运用这一策略才赢得谈判的。

在金融风暴的冲击下，很多公司都遭受到了一定程度的重创。但是销售员丹尼所在的公司却没有受到任何影响，于是许多公司纷纷找到丹尼寻求帮助。一家原材料供给商竟然要求丹尼提前支付半年的货款。双方就此问题展开了谈判。

"看在多年我们对贵公司的支持上，您就预支半年的货款吧！"

"是的，我非常感谢贵公司对我们的支持，但是你知道，我们公司并没有这个先例。"

"可是，先例也是人开的，您总不能看着我们破产吧？"

"恕我直言，没有我们预支的货款，你们公司或许会有些困难，但绝不会破产。你说呢？"

"那么，难道您忍心看着我们如此困难？"

"当然不，我们是很好的合作伙伴，不是吗？但是，你应该知道，许多公司都受到了金融风暴的冲击，倘若我这样违反常规地帮助了你们，我的其他合作伙伴也会要求我这样做，到了那时，我该怎么办呢？我没有能力帮助所有人，但如果我帮助了你，拒绝了他们，他们很可能会变成我的敌人。你说是吗？如果你能保证不发生这种情况，我就答应你。"

原材料供应商沉默了。

"非常抱歉，请你一定体谅我的难处。尽管我不能如你所说的那样做，但我愿意尽可能地帮你，我会预支给你一个季度的货款，这已经是常例中最多的了。"丹尼接着说道。

原料供应商只得同意。

在这个事例中，丹尼在面对原材料供应商的言语"攻击"时，把问题及时丢进了"如果你能保证不发生这种情况"这个"荆棘"里。试问，原材料供应商怎么能够保证那样的情况不发生呢？原材料供应商没有办法解决这个"荆棘"，所以只得同意丹尼的建议。

在谈判中，当你遇到类似的情况时，也可以向丹尼学习，学会把问题丢进"荆棘"里。如果你不善于寻找"荆棘"，那么不妨记住以下这两种常用的"荆棘"。

① 不在场的第三者。例如，当客户指出你提出的条件太过苛刻时，你可以告诉他："实际上，这个条件并不是我提出的，而是公司的经理提出来的，我也是替别人办事。"这样就会把问题丢给不在场的经理，从而避免了对方对你的攻击。当然有时候也可以直接告诉他："如果有时间，你可以找我们经理聊，不过经理最近在国外出差。"让客户暂时联系不到这个不在场的第三者。

② 公司的政策。你可以告诉客户："对不起，我也不想这样，

但是这是我们公司的规定，我也是不得已而为之。"这样说就把问题丢给了公司的政策，客户也不好意思再为难你了。

当然，能够充当"荆棘"的事物还有很多，这就需要你在谈判中随机应变了。需要注意的一点是，充当"荆棘"的事物一定要保证客户不能轻易改变，也就是说必须保证有足够的"刺"才行，否则达不到效果。

总之，当你在谈判中遇到客户的刁难或客户提出过分要求的时候，你可以运用"把问题丢进荆棘里"的策略，它能够让你获得谈判的主动权，并最终获得谈判的胜利。

二选一，客户就无法推诿

很多销售人员都有这样的经历：客户不说好，也不说不好，只是不停地用各种理由推诿，逃避选择。那种被客户吊在半空中的感觉，真是"飘飘欲仙"。如果能够选择，绝大多数销售人员宁愿被对方直接宣判"死刑"，也不愿意一直被推诿！

作为销售人员，你想要的是成交，而不是把客户惹毛，搞砸生意。因此，无论你怎么想，都无法把自己的意愿直接强加给客户，让客户按照你的标准和想法来做事。

但这并不是说，面对客户的推诿，你除了等待和忍耐就无计可施。你不妨用询问客户意向的方式让客户"二选一"，并在选择项目的顺序上花些心思，即将希望客户选择的那个项目放在后面，让客户自主地选择合你心意的那一项。

那些有经验的销售人员非常善于利用这个定律来促使客户购买自己的产品，而且总是屡试不爽。他们往往会问客户："是给您包一件还是包两件呢？两件刚好是一个月的用量。"被这样询问的时候，绝大多数客户都会脱口而出："那就两件吧。"

人类具有一种跟随最后选择的习性，当你想让他人跟随你的意愿进行选择的时候，不妨给客户一个"两者择其一"的提问，将希望对方选择的那项放在后面说。采用这种巧妙的方式，抛给客户一个"二选一"的问题，往往能够让你在销售中握有绝对的主动权。

下面就来看看如何利用二选一定律来应对客户的推诿，始终将主动权掌握在自己手中。

当客户说"我现在没时间"时，你可以说："先生，那您一定是个很会赚钱的大忙人，您也一定听说过洛克菲勒说的'每个月花一天时间在钱上好好盘算，要比整整 30 天都工作来得重要'。因此，您每个月都至少有一天的累计时间来计划钱的去处吧？我不会耽误您多长时间，10 分钟就行！您看，是星期一上午您比较方便，还是星期二下午？"

当客户用"我没钱"来推诿你的时候，你可以说："先生，如果您说的情况是真的，那您就真的很有必要系统化地理财了。刚好我们有这方面的服务，不如我送些资料给您先看看。您看我是在下星期五、还是周末给您送资料呢？"

如果客户说："不好意思，具体情况我现在无法确定，所以不能给你答复。"那么，你可以说："先生，既然您还没有最后做决定，不妨参考一下我们的方案，看看是否合意，还有哪些缺点要改进。您看，我是星期一过来，还是星期二过来呢？"

如果客户推诿的理由是要和合伙人商量，自己一个人无法单独决定，你可以说："我完全理解您的想法，和合伙人一起商量一下会更加稳妥，那您看，明天下午还是后天下午，我们约个时间跟您的合伙人一起谈谈？"

无论客户以什么样的理由来推诿你，你都可以采用给他一个"二选一"的选择题的方式来主导销售过程，让销售进程始终朝着你所预期的方向发展。值得注意的是，即使客户推诿的痕迹很明显，你也不要因此而表露出不悦，甚至反驳他；相反，无论客户说什么，你都要赞同他的观点，因为只有赞同他，你才有机会说下面的话，才有机会运用"二选一"定律。

他越犹豫，你越要不慌不忙

某品牌汽车销售经理杨浩是一位非常优秀的销售人员。对于怎样做成大生意，杨浩非常有经验。

半年前，陈先生来到杨浩所在的汽车销售部，准备购买面包车，这样一方面可以接送员工上下班；另一方面可以顺便装一些货。通过交谈，杨浩对陈先生的财务状况和拥有车辆情况、购车目的等都有了一定的了解，杨浩随即向陈先生推荐了一款价值20万元的商务车型，但是陈先生觉得这个太贵，而且将这样的高档商务车拿来当作员工班车和货车实在浪费，但是，杨浩所在的汽车销售部并没有那种低端的车型。于是，陈先生决定去别家看看。

眼看着就要失去客户了。这时，杨浩并没有像许多销售人员一样，急着挽留客户。他认为，陈先生是一个有购买能力的客户，以后陈先生一定还会有对高端车型的需求，与其现在勉强留住客户，不如想想怎样让陈先生成为自己的忠实客户。于是，杨浩决定充当陈先生的免费参谋，殷勤地陪着陈先生去其他公司的销售厅选购车子。临别的时候，他还和陈先生交换了联系方式，并告诉陈先生，如果碰到汽车方面的问题完全可以来找他。此后，每隔一段时间，杨浩都会和陈先生联络一次，增进彼此间的交流。

就这样，陈先生成了杨浩的忠实客户，自己需要购车的时候非杨浩不找，当听说别人要买车时，也会向对方推荐杨浩。

作为销售人员，杨浩并未被眼前的利益蒙蔽双眼，而是理智地以最恰当的方式处理了自己和客户之间的关系，从而赢得了客户的信任。

在销售的过程中，不要急功近利，舍小利才能得大利，放长线才能钓大鱼。

其实，销售中这样的事例屡见不鲜。让客户趋之若鹜地"返券"就是一个典型，是商家放长线钓大鱼的一种方法。"买100送50""买100返100"这种促销活动比比皆是，表面上看起来，在活动中，顾客能够花更少的钱买到东西了，是顾客占了大便宜，然而，商家的销售业绩和利润也会因此而大幅增长，因为，这种貌似吃亏的方式能够刺激顾客的消费欲望，从而使顾客购买更多的商品，给商家带来更大的利润。

不为小利所动，甚至能够舍小利，才有望得到更多的利润。不放长线是钓不来大鱼的。

社会认知心理学家沃尔特·米歇尔提出了一种现象——"延迟满足"。他认为"延迟满足"是指一种个体甘愿为更有价值的长远结果而放弃即时满足的抉择取向，在等待的过程中，个体展示出很强的自我控制能力，表现出心理成熟的一面，这属于人格中自我控制的一个部分。

在销售中，销售人员也要学会放长线钓大鱼，不要过于急功近利，否则很容易吓跑客户。要学会等待，当大鱼上钩时，要沉住气，不要马上拉竿，否则大鱼很可能会挣脱逃掉。要不断把线放长，让大鱼跑，等到大鱼跑累了，再拉竿，大鱼就没有力气挣脱了。

线到底放多长才正确呢？放得过长，也会让鱼跑掉。也就是说，在与客户谈判的过程中，不宜采取"紧迫盯人"的说服术，也不宜给客户太大的自由。

例如，由于价格方面的原因，客户对是否购买你的产品一直犹豫不决，这时，如果你一味地说："这么低的价格，你就买回去算了。"或者说："别犹豫了，我帮你包起来吧！"这样很容易引起客户的抵触情绪，造成促销失败。相反，在一连串的催促购买以后，如果你说："这样吧，你先坐下来，喝杯水，好好考虑一下。"然后，在客户考虑的过程中，将同类产品的价格报表给客户看，客户最后就容易购买你的产品。

要知道，客户在做购买决策的时候，是带有一定程度的紧张感的，再加上你的催促所施加的压力，很有可能会扬长而去。因此，若你大力劝说后客户仍然在犹豫，这时，不妨给客户一点空间，让客户的心先放松下来，然后慢慢增加筹码，说服客户。

消除客户对产品的偏见

要顺利地完成销售，销售员在销售过程中应学会采取一定的方式方法促使客户做出购买决定。如何才能促使客户早做决定呢？帮助客户克服偏见是关键。

（1）客户时产品产生偏见的原因

购买产品时，客户对产品产生偏见主要有以下几种原因。

① 客户对销售的产品本身不是很满意。遇到这种情况时，销售员就应该好好分析让客户不满意的产品问题在哪里，是否真如客户所想的那样。如果产品确实存在不足，那么客户的偏见是合情合理的，作为销售员的你就应当找出产品的优点，以弥补令客户不满意的地方，那样客户的偏见就会消失。如果客户所提的异议不合情亦不合理，还似乎有点无理取闹，那么销售员应该果断地予以否定。

② 嫌产品太贵。其实在销售活动中，价格才是很大一部分客户在购买时犹豫不决的主要原因。人们认为价格太贵，无外乎两个方面的原因：一是觉得产品的价值和估价不等；二是客户本身有困难，确实出不起这个价。此时，销售员应根据实际情况克服障碍，不要让客户一直盯着价格，而应分散客户的注意力，把说话的重点放在产品上，使客户了解产品的足够完备的信息，让客户明白产品的价值所在，因为产品本身的价值决定了产品的价格。

③ 客户并不想即刻购买。在购买产品时大多数客户若不是

特别需要，一般不会立刻购买。销售员在销售活动中常常会听到客户不想马上购买产品的诸多理由，其实这些理由有时的确是真的，当然也有可能只是客户的一个借口。如果确实是借口，那么销售员就应想办法促使客户早做决定。首先，你应当明确地向客户表明延迟购买的不利之处，如目前这款产品正在打折，打折期过了就会恢复正价，这样说往往会让客户改变主意；其次是强调产品的时效性，如销售员在销售手机时可以这样说："这款手机现在是最新款，拥有的人不多，但您错过这段时间再买，满大街的人都在和您用一样的手机。"

（2）销售员应注意的问题

销售员本身也应该注意一些问题，使客户早做决定。

① 要确保客户对销售员本人的信任。销售员在介绍产品时，语言表达一定要流畅，要让客户觉得你十分了解产品，用自信的态度来打动客户，客户才会消除偏见，尽早做出购买决定。

② 销售员一定要对自己销售的产品的性能有全面的了解。曾经有一位销售化妆品的销售员，总是遭到客户的拒绝，这令她苦恼不已，后来还是一位同事帮她找到了问题所在。她自己在化妆方面并不注重，所以更谈不上什么心得体会。每次在与客户沟通中，对于客户提出的相关美容知识，她都一无所知。试问这样的销售员如何让客户相信她的产品呢？如果一个销售员能把自己的美容小秘密告诉客户，再加上产品本身的美容效果，便可以给客户带来直观的感受，产品自然会得到客户的认可。

③ 销售员的话要足够热情。如果你说话很有热情，在与客户沟通时，客户就会觉得自己很受重视，从而认可销售员说的话。因此，努力训练自己说话的气势，对于销售员来说是必要的，让自己的话语变得具有煽动性，才更有利于完成销售活动。

总之，在遇到犹豫不决的客户时，应根据现场状况来帮助客户早做决定，消除客户对产品的偏见，以成功销售出产品。

威望不够，领导来凑

对于每个销售员来说，越是有希望的客户，就越是希望能从头到尾都由自己一个人来完成销售工作。这就是人的自负心理，表示这个工作自己一个人就能够独立完成。拥有这种自负的销售心理当然很正常、很自然，然而如果过分自负，往往会心有余而力不足，到嘴的"肥肉"也会被别人抢走。

所以，在你力不从心的情况下，不要怕有损颜面，或怕有利益分配的问题。既然你无能为力，就应求得援助，而求助的对象中最值得考虑的便是你的上级领导。因为他有责任帮助你，而他也有能力助你一臂之力。

那么，在什么样的情况下需要借助上级领导的威望呢？现列举如下。

① 面对犹豫不决的客户时。有些客户在洽谈开始时很爽快，可到需要签约成交时，却犹犹豫豫的，总拿不定主意的。不是没钱，也不是没购买决定权，更不是不想买，只是优柔寡断，下不了决心。这时，你就应该请出上级领导："由于您是一个办事谨慎的人，恐怕您还有什么不明白之处，所以我特地请我们的科长一道来，您有什么问题可提出来，有我们科长在，什么问题都能够得到解决。"其实，客户早已没有问题了。科长出马，只不过是壮壮声势，促使客户早下购买决定。

② 面对高傲自大的客户时。这类客户在洽谈过程中，不仅不认真听你讲话，而且会随意打断你的谈话。这类客户往往十

分固执自信，只是一味地坚持自己的观点，不考虑别人的意见，并常常以"退场"相威胁。面对这类客户，有时真的需要让上级领导亲自应战。虽然领导并不能像你那样对情况了解得那么详细周到，但这种自命不凡的人大多是在摆架子，这时候把上级领导请来，或许可以压压他的威风。

③面对啰唆的客户时。有些客户总是问个没完，而且他们大都问的是相同的问题。这类客户啰唆半天，也未必能够说清楚自己的观点或想法，这样会严重耽误签约成交。对于这种婆婆妈妈的人，最好请来上级领导，你的诚意再加上领导的威望，会使他尽快定下心来。

④面对出尔反尔、反复无常的客户时。这类客户在洽谈中很常见：今天可能会推翻昨天的洽谈约定，明天又可能会推翻今天的洽谈约定，甚至在洽谈桌上，也会一时一个想法，或者常常否定既定事实，或者不断地改变想法。最令人头疼的是，你与客户多次讨价还价，在你急于签单的情况下，答应了客户的条件，但是当你与客户要签合同时，客户对合同条款又提出了异议，并一拖再拖。针对这类客户，你可以请出上级领导，这样客户就能够看出你洽谈的诚意，就会收敛自己的出尔反尔、反复无常的行为。

总而言之，在销售行业中，领导是管理销售员的，也是为销售员服务的，作为部下，如果善于利用上级领导的威望，有效应对难缠的客户，就能够更容易地实现洽谈目标，完成交易。

有些异议别当真，谁认真谁就输了

客户拒绝销售员的原因是很多的，许多原因也是销售员无法改变的。销售员能做的事情，就是通过沟通跨越双方之间的心理障碍，激发客户的兴趣，激发客户的购买欲望，促成交易。在很多情况下，销售员的不当销售是遭受客户拒绝的关键因素。如果销售员能够改变自己和客户的沟通方式，抓住客户的心理，遭受客户拒绝的可能性就会明显降低。

在以下的拒绝方式中，大部分客户都是习惯性拒绝，销售员不要在这些问题上浪费时间，而应该深入分析，找到客户拒绝的真正原因。

①"我不需要"。这是销售员经常碰到的客户拒绝方式，也是客户最习惯说出的一句话。有统计数据表明，将近80%的客户对现有的产品或者服务感到不满意，但却不想采取任何措施去改变现状。这样可以看出，在大多数情况下，客户说出"我不需要"并不是表明客户真的不需要，也不能表明沟通就无法进行了，而是销售员喋喋不休的介绍或不符合实际的介绍，让客户产生了抵触心理。

良好的开场白可以避免客户产生排斥心理，虽然客户嘴上说着"我不需要"，其实心中可能已经蠢蠢欲动了。只要你讲的内容足以引发客户的兴趣，就能够打开成功销售的大门。

②"我没钱"。比起"我不需要"的使用频度来，"我没钱"紧随其后。这种拒绝实在让人烦恼，销售的难点也常出现在这里。

但是，这句话在多数情况下，也只是一种借口，如果客户对产品的需求是强烈和必需的，由此产生"紧迫"的需求，没钱的借口就不攻自破了。因此，销售员不必因为客户提出"没钱"的异议就否定这次销售。如果出现了这种情况——客户提出"我没钱"，只说明你对客户的需求激发不够，没能让客户了解产品带来的益处。

③ 不必回答的问题。销售员在和客户沟通的过程中，往往会遇到很多问题，比如一位客户似乎对一款家电感兴趣，但在购买决定做出前，突然指责家电上的一些小问题，在销售员和他争辩的过程中，客户愤然离去。其实，客户所指的问题，可能是他想要降价的借口，而不是问题本身。这样的异议是不需要回答的，解释和争辩只能使问题越来越多。

同样，很多问题是不需要回答的：一些自我表现性的问题；容易造成争论的问题；明知故问的发难。对于这些问题，你可以不予回答，最好选择沉默。如果你认真处理他们的这些异议，不但费力，有时还容易出乱子。你也可以迅速地转移话题，常用的说法有"是的，不错""没想到王总这么有研究""有道理，一听就知道您在这方面颇有研究"等，这种附和并不是认同了什么，而是忽视对方所说的，随即转向你想要向对方讲述的话题。

总而言之，对于客户的一些拒绝，销售员有时不必当真，他们只是出于习惯才会拒绝你。很多情况下，客户的拒绝和异议会随着业务洽谈的进行而消失，客户会由拒绝你转变为接受你和你的产品。

第九章
给客户一个立刻下单的理由

　　销售的目的是成交，这是销售过程中的关键一步。实现成交了，产品也就销售成功了。而要想实现销售并非易事，需要销售人员去感知客户心理、影响客户心理，需要给客户一个充分的、强大的立刻下单的理由。

利益才是最大的诱饵

"天下熙熙，皆为利来；天下攘攘，皆为利往。"司马迁在史记中曾经写过这样一句话。它准确道出了人们追逐利益的本质特性。现如今商务洽谈桌上的你来我往、唇枪舌剑，无非都是为了给自己争取到更多的利益。

在与客户的交谈中，笨拙的洽谈者只会表现人类的本性，而聪明的洽谈者却善于利用人类的本性。千万别以为这只是几个词语之间的差别，里面的情形可是有着天壤之别的。只懂得表现人类的本性，说明他只顾着追逐自己的利益；而懂得利用人类的本性，说明他就是在利用对方的利益作为诱饵，从而达到自己的目的。尽管二者的目标相同，但是由于使用的方法不一样，最后的结果往往会大不相同。从洽谈的实践来看，主动指出对方的利益所在，让对方知道这次洽谈将给他带来的好处，会更有利于促进双方之间的成功合作。

有一家公司主要从事电灯泡的生产，因为公司是新成立的，产品还没有形成品牌效应，在价格上也不占优势，所以销路不太好。于是董事长亲自去各地进行旅行销售，希望能与各个代理商积极合作，为他们的产品顺利打开销路，甚至使其可以全面占领市场。

这一天，董事长把各家代理商召集在一起，向他们推荐本公司的新产品，顺便进行合作洽谈。在洽谈的过程中，董事长告诉各位代理商："经过多年的研制与开发，我们公司终于完成了对这个新产品的投产试用。尽管现在它还不能称得上是一流的产品，但是我仍然要拜托大家，以一流的产品价格到本公司来订购这种新产品。"

顿时，全场一片哗然之声："有没有搞错啊？既然不是一流的产品，有什么理由要求我们用一流的价格去购买呢？"

董事长接着说："我并没有搞错。我们都知道，在目前的灯泡制造行业中，全国只有一家公司能够称得上是第一流的，并且他们已经从整体上把市场垄断了。这个时候，即使他们随意提高产品的价格，大家仍然会购买，不是吗？假如有新产品出现在市场上，品质优良而价格更便宜，对大家来说难道不是一件好事吗？不然，大家就需要按照那家厂商开出的高价去购买，然后再经销，如此一来，得到的利润就非常有限了。"

听到这里，各位经销商纷纷点头表示赞同。董事长继续说道："当年泰森在拳坛可以说是纵横天下，这样一来，由于缺少真正有实力的对手，观众就很难再看到一场实力相当、扣人心弦的拳击比赛了。目前的灯泡行业也是这种情况。这个时候若是出现一家与那家大公司实力相当的公司来跟它竞争，就能直接导致产品价格降低，经销商便能从中获得更多的利润。

"那么，为什么本公司现在只能制造出二流的电灯泡呢？只因本公司新成立不久，财力稍有欠缺，尚没有足够的资金用于技术改造和突破。但是假如大家肯帮忙以一流产品的价格来购买本公司的产品，我们很快就能筹集到足够的资金进行技术改造。我相信过不了多久，本公司便可以制造出一流的产品推向市场，到那个时候，在座的各位就是最直接的受益者了。"

董事长的话音刚落就响起了热烈的掌声。就这样，洽谈在一种愉快而热烈的氛围中顺利结束，这家灯泡厂成了最大的赢家。

虽然产品质量不是最好的，但却要求对方以最高的价格购买，这样的销售听起来实在是有些不可思议。但是更令人匪夷所思的是，这样的要求居然可以为大家所接受，由此便能看得出利益对于人们的巨大诱惑。这位董事长正是以对方的利益作为诱饵，才促使洽谈获得最后成功的。

由此可见，在销售中，为客户点明利益所在，让对方明确自己将会获得什么，是非常必要的，也是每一位销售人员都应该做到的事情。

制造危机，把订单"逼"出来

"商战如战场"。在战场上，打仗是要讲究策略的。同样，商战中也要讲究一定的方式方法。

柯先生是某建材公司的销售部经理。由于公司高层领导决策失误，公司碰到了前所未有的困难，为了闯过这个难关，公司急需一笔资金作为周转，但是银行已经不可能再贷更多的钱给他们了，而恰巧公司有一批新型建材，在国内市场上很罕见，而且质量也很好。如果能将这批建材卖出去，哪怕是以成本价卖，公司也能得救。

然而，国内的客户大多数仍然在用旧的建材，对这种新型建材还心存疑虑，要想找到客户来购买这批建材并不是件容易的事情。幸好柯先生人脉广，他从一位合作过的客户那里得知有一家建筑公司承建了一个游乐场的项目，需要用到这种新型建材。

经过多次联系后，双方终于坐到了谈判桌旁来商讨价格及回款问题。由于对方了解到柯先生的公司急需卖出建材、获得这笔资金作为周转，因此，对方将价格压得很低，不过他们答应及时回款。客户答应及时回款对公司来说是非常有利的，但是价格太低，无异于又让已经负债的公司背上新的负债。那么，这笔生意到底是做还是不做呢？

针对对方的条件，柯先生不仅没有同意，而且告诉对方，由于国际市场上供不应求的现状，这种新型建材的价格上涨了，因此，不能以最先开出的价格卖给对方，每吨价格要上调500元。当然，即使是这样，卖价仍然是低于市场水平的。

柯先生的做法在客户意料之外，但是客户看准了柯先生公司的处境，料定柯先生不得不将建材卖给他们，而丝毫不肯让步。

一个星期以后，柯先生再次联系了对方，说有一家韩国公司同样需要这批建材，而且开出的价格基本与市场价格持平，但是由于自己联系对方在先，因此，想先问过他们之后再决定是否将建材卖给韩国公司。

对方虽然并不能肯定是否真有韩国买家和他们竞争，但是如果真有的话，他们就失去了以低廉价格买得产品的机会，也就意味着他们将要花更多的钱。基于这样的考虑，对方在第二天就答应柯先生以高于原定价格500元的单价买进这批建材。

危机策略最大的好处就在于，即便对方再不情愿，他也必须权衡利弊，重新选择有利于自己的条件，而这个选择，往往就是你对他的要求。在谈判的关键时刻运用威胁的方法，通常可以使对方让步，从而达到自己想要的效果。

通常人们在购买产品时，总是会尝试讲价，觉得推销员给出的价格还能再低一些，抱有一种侥幸心理。此时，推销员可以实施一些"威胁性"的举措，从而使客户对产品产生购买欲望。合理利用客户的这种心理，能收到很好的推销效果。

在运用"危机"这一策略时，需要注意以下几点。

①方法要适度，不要触怒客户。这其实是一种不得已而为之的做法，只能在客户有明确购意向买时才可以采用，同时要根据不同的对象采用不同的"危机"形式，否则不仅不会有助于推销的进行，还有可能吓跑客户。

②留时间给对方思考。只擅长制造危机，制造紧迫感，却不懂得放手，客户会觉得自己受到了逼迫。那样的话，客户有可能会放弃，销售也会就此终止。

③ 在条件允许情况下做小的让步。既然你已经给了客户危机,若客户显然还不能做出决定,那么你就应适当地做一些让步,让对方心理稍感平衡,那样销售会更容易成功。

聪明的销售人员总是能恰如其分地制造危机,在收放之间让客户下单。

反复刺激客户的购买兴趣点

一位售楼员带着一对夫妻看房。丈夫发现天花板上有水渍，就说："啊，这房子漏水！"售楼员注意到妻子一直盯着游泳池，边看还边点头微笑着，一脸满意的神色，于是，他并没有向丈夫解释什么，只是对妻子说："太太您看，这游泳池是不是很漂亮？"先生又指着另外一个地方说："房子这里也需要重新整修了。"售楼员仍然只是对先生微笑了一下，接着扭头继续对那位还在欣赏着游泳池的女士说："太太，您一定非常喜欢游泳吧？难怪您能保持这么好的身材，这个游泳池非常适合您呢！"

在整个过程中，无论丈夫提出什么有关房子的异议，售楼员都把话题有意无意地引到妻子所喜欢的游泳池上。最后，在妻子的极力坚持下，他们买下了这别墅。

这位售楼员正是看出了自己所销售的房子有符合客户心意的地方，找到了客户购买的兴趣点，然后通过不同的方式反复刺激这个"客户购买的兴趣点"，才成功地让客户购买了别墅。反复刺激"客户购买的兴趣点"，能够大大提高销售的成功概率。

作为销售人员，应该相信：对于每一个愿意听你讲述产品的客户来说，他们至少有一个购买兴趣点，而你要做的是找到客户对你产品的购买兴趣点，并且成功地对它进行反复刺激。

在具体的操作过程中，也许你对自己的产品非常自信，而你的产品也确实有许多让人感兴趣的特点，但是面对每一个具体的客户，必须因人而异。每个客户的购买兴趣点必然是不尽相同的，如果不能做到具体问题具体分析，不能抓准客户的购买兴趣点，销售就很难成功。

那么，销售人员如何才能抓住客户的购买兴趣点呢？

其实，这里只有一个诀窍，就是站在客户的角度去想问题。只有这样你才可能准确掌握客户的心理，找对他的购买兴趣点。

你必须给予客户足够的重视，让客户感受到自己的价值，让客户感受到自己受到足够的尊重。作为一个销售人员，你要明白给你发薪水的不是你的老板，而是你的客户。如果失去了客户，你也就失去了赖以生存的事业。因此，销售人员一定要真正地关心、重视客户，聆听他们内心真正的想法，通过观察他们的眼神、肢体语言等洞悉那些他们想说而没有说出的话。感客户之所感、想客户之所想，才能准确找出客户的购买兴趣点。

只要找到了客户的购买兴趣点，瞄准这个点并反复地加以刺激，你就能够征服客户的心、提高自己的业绩。

你不卖，他偏买

某地有两家酒店，为招揽客户，各自在门口张贴广告。一家说："本店以信誉担保，出售的完全是陈年佳酿，绝对滴水不掺，越喝越想喝。"而另一家则说："本店出售掺水一成的陈年老酒，如有不愿掺水者，请饮用少量，否则醉倒概与本店无关！"

结果，"请饮用少量"的酒店却比标榜"越喝越想喝"的酒店生意兴隆。

"请饮用少量"几个字，正是利用了人的逆反心理。抓住了客户的逆反心理，就等同于握住了一件获胜的法宝。

在心理学上，所谓逆反心理是指人们为了维护自尊，而采取与对方的要求相反的态度和言行的一种心理状态。

心理学家认为，自我价值是人的心理根基，任何一个人都不能接受自己无价值地生存在社会上。当一个人被禁止或者严令做什么、说什么的时候，他会有一种自我价值受到损害的感觉，然后，他就开始本能地进行自我价值的保护。这种对自我价值的保护表现在外在言行上，就是在态度或行为上抗拒外界的劝导和说教。

因此，人们之所以会有"让他往东他偏往西、让他打狗他偏打鸡"的逆反行为，完全是出于一种对自我价值保护的本能。

逆反心理人人都有，在某些特定条件下，就会被激活，进而支配着人们的行为活动。一般来说，欲望被禁止得越厉害，所产生的抗拒心理也就越大。销售人员不妨深层次地研究一下这种心理倾向，在适当的时候，用此来引导客户，往往能收到意想不到的效果，即很有可能使客户的态度发生180度的大转变，即使那些最"顽固"的客户也不例外。

现在很多商场都会时不时地搞"五周年店庆""十周年店庆"等促销活动，在活动中，会有一些诸如"加×元多一件""买一赠一大酬宾""购满×元送精美礼品一份"等内容，但是这些营销策略所取得的效果很一般，没什么出彩之处。其实，在销售的过程中，如果能够走出类似这种"顺"心理的怪圈，适当用些"逆"手段，也许会有更好的效果。

例如，一家大型超市为了推出一种新型饮料而举办了一次"买三赠一"的促销活动，但是却乏人问津，根本没有多少人愿意尝试。后来，他们请教了营销专家后，重新策划了一次活动，他们说："为了感谢广大客户的支持，现特将××饮料特价销售，每人限购两瓶。"这次，摆放这种饮料的货架差点儿被熙熙攘攘、争相尝试的客户挤倒，生意火得不得了，他们终于成功地让客户接受了这种新型饮料。

这种"限量版"的销售方式，吊起了很多客户的胃口。"你限制我买我偏要多买"，由于客户产生了这样一种逆反心理，因而产品想不畅销都难。

你不卖给他，他偏偏要抢着买。逆反心理是人人都有的一种心理，是人的一种天性，如果你能够充分调动客户的逆反心理，让客户和你"对着干"，往往能够让客户购买你的产品。因此说，利用客户的逆反心理，是一个有效的销售策略。

多管齐下，促成交易

向客户销售产品的时候，我们需要机灵一些。面对不同的客户、不同的环境和不同的洽谈状况，我们应该使用各种不同的方法和策略来促成这笔生意。下面就来介绍一些比较好的促成交易的方法。

（1）假定成交法

"我先送给您 10 盒试用好吗？"

"喜欢红色的，还是那件黄色的？"

"再来两碟小菜吧？"

这就是我们所说的"假定成交法"。

不过需要注意的是，此时的语气一定要委婉，表情要和善，特别是要能够准确判断出客户是否有购买意向。

假定成交法虽然不能保证百分之百获得成功，不过这种办法的成功率比起让客户直接回答"是"或"否"的方法要高许多。

（2）有效选择法

"您打算为您的西装选配一条还是两条领带呢？"

选择成交法不是让潜在的客户选择买与不买，而是在购买哪种型号或者购买数量上进行选择。也就是说，客户必须要做出购买的选择，在这种情况下再讨论成交的细节问题，这样就有效地避开了是否购买的问题。

（3）帮助客户挑选

很多客户即便是有意要购买，也不愿意立刻就签下订单，他们往往还要仔细挑选一番，在产品的质量或样式上来回打转。这时，你就需要十分热情地帮助客户下定决心，从而完成这笔交易。

例如，你可以帮助客户针对某一款产品列出正反两方面的意见，进行利弊的对比，这样往往有利于促成交易。拿出一张纸来，你可以写下购买这件东西所有的好处及坏处，通过对比来说明好处大于坏处，让客户购买时更加放心。

（4）让客户不断地说"是"

解决了重要的问题以后，客户一般便会认可产品。这时，你可以问客户一连串只做出肯定回答的问题。例如："这种样式你很满意，我说得不错吧？""你瞧，加工质量也很好，不是吗？""在我看来，我们所关心的问题都得到了圆满解决，是吗？""听到你对我们所提出的条件十分满意，我非常高兴。这样的话，我们就能签这份合同了，对吗？"

（5）免费试用法

让你的潜在客户确定购买之前就以某种方式首先拥有这件产品，会大大增加生意成交的可能性。你可以这样跟客户讲："这东西非常棒，但如果你不使用它、不拿它回家、不试用的话，你将无法了解它。"

（6）肯定成交法

此法是销售领域中一种较为普遍的销售方法，主要是指销售员使用十分肯定的语言作为销售工作的推进剂，坚定客户的购买信心，使客户变得果断，从而实现成交的方法。肯定成交法先声夺人，难度低，效果也好。所以当客户不愿做出成交决定时，销售员可以利用这种成交法来帮助客户快速做出决定。

（7）细节确认法

细节有重要和次要之分。在销售过程中，客户最关心的是价格，而不太在意其他细节。而细节确认法，就是让销售人员多与客户谈论购买的次要细节。如果客户对销售人员所提出的次要细节（交货时间、付款方式、产品的款式等）都进行了确认，那么，客户的购买欲望就会变得非常强烈。

销售产品时最重要的是要抓住客户的心，明白他的想法，这些在销售过程中可以通过沟通来不断发掘。进而找到契合客户内心、最有效的方法来促成交易。

用低飞球策略让顾客让步

在棒球比赛中，如果一个投手在一开始的时候就投出一个难打的低飞好球，那么低飞球的印象就会一直留在击球手的脑海中，以至于随后的坏球他也会想要出手打击。换言之，投好第一个球，往往就能掌控大局。后来，有销售人员将这种技巧引入自己的工作中，在一开始与客户进行交谈的时候，他就给客户一个始料未及的好条件，让客户先下单。随后，即使他更改一些条件，客户往往也不会拒绝或者因此而要求撤销订单。

在现实生活中，这种情况也是经常发生的。

顾客不满意销售人员开出的价格，经过一番砍价，销售人员终于"勉为其难"地认输，接受了顾客所提的价格，不过销售人员要先向公司报告后才能最后签订合约。这时，顾客会非常高兴，已经下单决定购买；而销售人员开始给公司打电话。谁知打完电话后，销售人员会万般抱歉地对顾客说："真是非常抱歉，我们经理说，那个价格真的不能卖。"

此时，顾客如果要放弃购买，那么产生的心理落差是极大的，这会让顾客感到不快；而且由于顾客已经有了购买决定，如果不购买，必然会产生挫折感。为了不让自己陷入这些消极感觉中，大多数顾客都会做出让步，最后以销售人员提出的价格购买这个产品。

美国古典学派将这种销售技巧称为"低飞球技巧"。在销售中，"低飞球技巧"往往能产生出人意料的效果。

现在，满大街都打着商家让价、精品回馈等吸引人的广告，其实，不论是"价格便宜""最后三天"，还是"买就送""店庆折上折"，都是商家抛给顾客的第一个"低球"，意在让其产生去购买的行为，一旦其产生了购买东西的决定，那么或多或少都会从商家那里买走一些东西，即使实际情况可能并不如想的那样好。

还有，网店和电视购物也采用了这种销售技巧。例如，不用出门就可以在家购物；可以自由选择，不用听销售人员没完没了的唠叨；不满意保退；价格相对实体店低廉等。

因此，作为销售人员，你大可将这种技巧运用到自己与顾客的谈判中。先勾起其购买欲，然后找一些合理的借口改变条件，如加收运费、不送货上门等，通常情况下客户都不会拒绝购买产品。值得注意的是，当是女性的时候，这种方法的成功率更高一些；而当是男性的时候，这种方法的作用往往不是很明显。因为，男性做抉择的时候倾向于理性，不容易受到情绪的干扰，他们更多的是考虑价格自己是否能接受，性能是否符合自己的标准，款式是否是自己所喜爱的等客观问题。

销售的成功，更多的是依赖于你能够操控客户的心，而不是具有说得天花乱坠的本事。想在销售中取得成功，就要善于体察人心，抓住顾客的心理，以此来开展销售工作。

攀比中的人下单不需要理由

　　美国著名经济学家朱丽特·斯戈在《过度花费的美国人》一书中，描述了美国人均消费量连创新高的过程。她指出：在过去，美国人买东西时，总要和自己周围的邻居、亲友等比上一比，只要别人有了，自己最好也不要缺。在今天，由于广告媒体对商品的大量宣传，美国消费者开始以广告或者电视中所描绘的生活为自己的攀比标准，由于电视上宣传的生活方式大都是中上阶层甚至富裕阶层的，所以，事实上，美国消费者在不自觉中将攀比的参照群体转向了那些收入远在自己之上的人，这无疑会导致盲目消费，但同时也极大地提高了商家的产品销量。

　　在我国，消费攀比或竞争性消费，同样也在很大程度上促进了产品的销量。在城市中，20世纪80年代，在"款爷们"中间产生了"斗富"消费；90年代开始，平民百姓也开始比家居消费、比婚宴消费；现在人们又开始比轿车消费、房产消费等，这些都给商家带来了可观的利润。

　　消费者在消费时受到攀比心理的影响，是一种普遍现象，而非特殊现象。当别人拥有一项产品、服务或身份象征的时候，自己也想要拥有，否则就会觉得自己很没用、低人一等，心里非常不舒服，直到拥有了，这种心理不适感才会消失。

　　那么，人们为什么会拥有这种根深蒂固的、攀比式的消费心理呢？主要有以下几方面的原因：

① 现今社会以持续提高和改进人们生活水平为主要目标，于是，生活水平就成了自尊的一种主要表现形式。人们想要获得更多的自尊，于是不断提高自己的生活水平，购买更多、更高级的产品。

② 消费模式是职业成功的显示方式。社会成功人士具有高标准的消费模式，而为了获取更高的社会地位，就必须满足高地位群体所"示范"的行为标准和消费标准。

③ 社会成员的流动率很高，城市地域上的流动、社会阶层的变化等都会让人接触到各种不同的比较对象，这大大提高了拿自己的生活质量与其他人的生活质量进行比较的频率。而每一次攀比的失利都会促使人们去购买物品来提高生活质量，以便将对方比下去。

因此，消费过程中的攀比心理是很难彻底消除的。每个人或多或少都会有这种心理。对销售人员来说，如果能够对客户的攀比心理进行激发，并且做合适的引导，往往能够点燃客户的购买欲望，从而促销成功。

在实践中，销售人员要注意这样几个问题：攀比心理的载体是什么商品？哪一个攀比对象最能激发客户的购买欲？采用什么方式去引导客户进行攀比最为恰当？

当客户下单的理由不那么充分时，不妨在"攀比"上做一做文章。无论你采用什么样的方式，只要能激发客户的攀比心理，即使客户下单的客观理由不那么充分，他也会购买。毕竟，谁不曾盲目过？

感动他，他就会心甘情愿地下单

　　美国贝尔电话有这样一则广告。

　　傍晚，有一对老夫妇正在用餐，这时电话铃响，老夫人去接电话，回来后，丈夫问妻子："谁的电话？"妻子回答说："我们的女儿。"丈夫又问："她有什么事吗？"妻子顿时红着眼眶、呜咽道："没有什么事，只是打电话说她爱我们！"夫妻两人顿时激动得再也说不出话来。而旁边的荧幕上打出了广告语——"用电话传递您的爱吧！贝尔电话。"

　　贝尔电话的广告用温暖的亲情打动了天下成千上万的父母和儿女的心，为自己赢得了市场。其实，生活中，人们接触到的这种情感广告已经越来越多了，例如：孔府家酒先后以"孔府家酒，叫我想家""千万里，千万里，我回到了家……"打动了无数的消费者；还有农夫山泉的"这水，正是我小时候喝过的味道"，也深深地感染了消费者。而这些商品的销售也确实取得了傲人的成绩。

　　由此可见，如果能够将情感广告拿捏得恰到好处，就会动人心弦而毫不矫情，从而促成销售。作为销售人员，在推销的过程中，也可以利用情感广告来为自己的销售拓宽道路。比如，你向一位女儿推销按摩椅，你可以说："现在的年轻人工作都忙了，不能经常陪在老人身边，买一把按摩椅给父母，算是略尽孝心吧，父母躺在上面的时候，总能够心怀安慰。"

　　感情的力量是巨大的，每个人都有七情六欲，有丰富的情感，亲情、爱情、友情……在销售的过程中，销售人员如果能够充分考虑目标消费群体的特定心态，从恰当的角度，借助情感的形式，用有效的手段强化并渲染产品所特有的情感色彩，便能迅速开启客户的心扉，从而获得销售成功。

随着经济的迅速发展，人们的物质生活水平越来越高，对物质产品的欲望也日趋饱和。与此相反，与日俱增的是人们对情感回归的渴望、精神愉悦的追求、个性服务的期望。在销售的过程中，如果销售人员能够关注客户的情感，就能最大限度地与客户产生共鸣，从而使销售更加顺利。

美国著名的汽车推销员乔·吉拉德是很多年轻推销员的偶像。下面就是乔·吉拉德一次成功的推销案例。

乔·吉拉德像往常一样来到展销室推销他的汽车。这时一位女士来到福特汽车的展销室对一位推销员说，她需要一辆福特车，颜色要黑的，因为她比较喜欢黑色，而且她的朋友也拥有一辆那样的车，看起来很时尚。还有一个信息就是今天是这位女士的生日，她希望买一辆车作为自己的生日礼物。而那里的推销员却告知她说现在没有车，必须等等才行，所以请她先四处转转。

"生日快乐！夫人。"乔·吉拉德立即向那位女士表示祝贺，随后便带着这位女士参观，他首先让女士看一下车模，自己悄悄地出去了，再次回来时对女士说："女士，您最喜欢的颜色是黑色吗？那现在我给您推荐一辆，是我们的新款，希望您能喜欢。"说完这句话，一位女工作人员手捧一束鲜花走进来，满脸微笑地把花递给那位女士，并说道："祝夫人生日快乐！"那位女士感动得流泪了。"已经好久没有人为我庆祝生日了，"那位女士说，"之前那位推销员，可能觉得我买不起福特车，所以才会对我不理不睬的。我其实未必一定要买福特车，雪佛兰也很不错。"说完这句话，那位女士爽快地和乔·吉拉德签了订单。

那位女士之所以改变自己之前的打算，转而购买乔·吉拉德的雪佛兰，正是因为被乔·吉拉德的关怀感动了。乔·吉拉德营销成功的方式不是一般的花言巧语，而是对客户的关心，这感动了客户。

从乔·吉拉德身上，我们可以明白这样一个道理：客户购买的不仅是商品，还包括态度、感情，如果你能给顾客放出一笔情感债，之后进行推销就可以顺理成章了。

需要注意的是，首先要让客户对你和你的产品产生愉悦之情；然后你要像客户的朋友甚至亲人一样和客户交流，而不要采用"推销"的方式与其沟通。

成单的最高境界：每一个人都是赢家

销售的过程其实就是一个销售员与客户相互满足、相互妥协的过程，如果不能实现买卖双方的共赢，那么成交就很难实现。要实现与客户的双赢，需要销售员尽可能地找到既可以满足客户又能获得最大利润的"中庸之道"，以有效的方式实现成交。关于这一点让我们先来看一个反面的事例。

小王是一家电子配件公司的销售员。一天，他如约拜访了一位客户，与其洽谈购买事宜。

客户："其实我和你们公司还是第一次接触，不知道你们公司的产品质量如何？"

销售员："无论是产品质量上还是客户服务上，我们都是一流的，而且有许多大公司是我们的忠实客户，这些都是有据可查的。在产品质量方面，您大可放心。"

客户："你们的产品价格怎么比其他同类产品高出许多？这是为什么？"

销售员："这种产品的价格在市场上长期以来一直居高不下，与其他公司相比，我们公司产品的价格实际上已经很低了。造成这种产品高价的主要原因是它的造价本身就高出其他产品，我们最起码要收回成本，所以……"

客户："如果是这样的话，那么我们就无法接受你们的产品，毕竟我们公司……抱歉，今天就到此为止吧，再见。"

很多销售员在销售中都会出现这样的问题：因过于关注自

己的销售目标而忽略了对客户实际需求的考虑。任何一位客户都是在自身需求得到满足后才会考虑成交的。如果销售员无法做到这一点，想要实现成交几乎不可能。针对以上情景，销售员小王其实可以这样做。

客户："其实我和你们公司还是第一次接触，不知道你们公司的产品质量如何？"

销售员："我们公司一贯坚持高质量的客户服务，并提供优质的产品，这些方面与我们有过合作的许多客户都可以证明。事实上，正是因为长期坚持采用我们公司的产品，很多合作伙伴才能创造出令业界瞩目的较高业绩。相信以贵公司的实力和影响力，如果与我们公司合作更可以创造出辉煌的成就……"

客户："你们的产品价格怎么比其他同类产品高出许多？这是为什么？"

销售员："我们的产品价格确实要高于其他产品，这是因为它具有更卓越的性能，它能够为您创造更大的效益，与今后您获得的巨大利润相比……"

客户："你说的也有道理……那我们今天就成交吧！"

事例中的客户之所以爽快地答应成交，是因为他在利益方面得到了满足。可见，销售员多考虑客户的感受，在保证自身利润的基础上尽量满足客户的需求，才能实现真正的双赢。这样一来，实现成交就是自然而然的事情了。

在销售过程中，想要与客户实现成交，并与客户实现双赢，销售员就要努力在获得利润的同时满足客户的需求，最大限度地让客户满意。那么，在销售过程中，销售员如何才能与客户实现双赢呢？主要有以下两点。

① 让客户明白购买产品为其带来的利益。销售是一个利益博弈的过程，交易的双方是受利益驱使的。想要实现销售成功，销售员就要通过与客户沟通达成双赢。产品是实现利益的立足

点，销售员要让客户知道购买产品可以为其带来什么样的利益，这样才能吸引客户对产品的关注。

例如，当客户为是否购买产品而到犹豫不决时，销售员就可以向客户表明："我们的产品可以为您创造更大的效益，如果您能购买我们的产品，就能获得巨大的利润。"客户感受到了利益的存在，购买兴趣就会进一步加强，这样一来，双赢就能实现了。

需要注意的是，在向客户表示其可从购买中获得利益时，销售员一定要态度诚恳、实事求是，并富有激情，使语言具有说服力和感染力，以提高客户对产品的信任度。

②让客户明白双方长期合作的好处。在与客户沟通的过程中，销售员应尽可能地向客户表明希望与其长期合作。无论是对客户还是销售员本身来讲，这都有一定的好处。因为销售员开发一个新客户往往比接待一个老客户费时费力得多，而对于客户来说，对产品足够了解，会为他们节省很多精力和时间。需要注意的是，销售员在向客户提出长期合作的意愿时，态度一定要诚恳、积极。

总而言之，实现双赢的前提是买卖双方利益的互相满足，实现成交的前提是买卖双方的双赢。也就是说，只有买卖双方的利益都满足了，销售过程中的关键一步——成交才能实现。

第十章
抓住客户弱点，对症下药

聪明的销售人员仿佛总是有办法，无论什么类型的客户，都能搞定。其实，只要你能根据客户的心理来选择策略，总有办法成交。

当客户以"上帝"自居时，服从与尊重是唯一选择

在客户看来，是自己创造了市场，给企业带去了利润，因此，对于企业来说，他们就是上帝。的确，没有了客户，企业也就失去了生存的土壤。

因为了解这样一个现实，所以在与销售人员接触的过程中，客户往往会以"上帝"的身份自居，对销售人员、对产品表现出挑剔、苛刻的态度。作为一名合格的销售人员，一定要了解客户的这种心理。尊重每个客户，视他们为亲人、朋友，才能赢得客户的尊重与信任。

王先生是一位非常优秀的销售人员，他所在企业的销售地区主要是北京、上海和天津。

一次，有一位天津的客户订购了一批白色包装袋。为了让客户满意，王先生前后将包装袋的规格修正了5次，但客户仍然很挑剔。凭借多年的销售经验，王先生意识到自己碰上了一个"钉子户"，这类客户常常是为了刁难而刁难。但是王先生并没有因此而退缩，相反，他本着"客户永远是对的"的信条而努力着。

王先生听到客户想要修改包装袋规格的想法后，就立刻带领手下的人按照客户的要求很谨慎地投入设计工作中，没有一句怨言，而这已经是该客户第5次要求修正产品规格了。然而，就在即将完成的时候，那位客户的电话又来了，说是包装袋的规格还没确定下来，仍然有修改的可能。面对这种情况，王先

生并没有和对方争执，而是非常有礼貌地告诉客户，包装袋的设计已经到了尾声，他们已经开始准备寄出样品了，如果可能的话，最好不要再做其他改动。当时，对方答应考虑一下。3天后，那位天津的客户终于有了反馈信息，说不做改动了，请王先生按照预设的方案生产产品。就这样，20天后，15万个包装袋寄过去了，虽然客户有意习难，但是王先生仍然圆满地完成了一单生意。

每个客户或多或少都会以"上帝"自居，他们虽然有时会提出各种非常苛刻的条件，但这并不代表他们不想要你的产品。他们之所以这样，是为了满足"自己是上帝"的想法。例如，客户会说："我不认识你""你们的信誉好吗""我不知道你的产品""你们公司的客户不多吧""你直接说吧，要我买什么东西"等。这些都是"自以为是上帝"的心理在作祟，面对这样的客户，如果你和对方据理力争，很有可能会使双方关系恶化，进而失去客户。

其实，面对这种客户，只要处理得当，同样能够赢得客户的心。让以"上帝"自居的客户购买你的产品是对你实力的考验，当你碰到这样的客户时，不妨试试以下技巧。

① 等客户把话说完后再发表意见：一些缺少经验的销售人员在和客户沟通的时候，一旦客户提出不合理的要求，就立即打断客户的话并进行否定。其实，这是非常不恰当的。这样会让客户觉得你没有耐心，根本不尊重他，进而拒绝购买你的产品。因此，当客户说话的时候，你必须认真地听他把话说完，即使当客户的话说到一半的时候，你就已经知道根本不可能按照他的意思做，也不要打断他，要用心听完。只有这样，客户才能感受到被尊重，那么，即使你接下来委婉地拒绝，也不会被客户认为是过分的事情，客户会觉得，你也是实在无法让步，也是情有可原的。

②即使否定客户，态度也要谦虚：作为销售人员，应该时刻记住尊重客户，在和客户的交流中，要保持谦虚的态度，这样才不会因冒犯到客户的"上帝"心理而使彼此间的关系恶化，才能进一步与客户进行沟通。

切记，当客户认定并尽力证明自己的正确和你的错误时，否定客户、争辩都是不明智的，你应该用你的服务征服客户。"精诚所至，金石为开"，只要你能采用恰当的应对方法，就没有不可沟通的客户。

尊重别人是个人素质的一种体现。在与销售人员接触的时候，客户难免会表现出挑剔、苛刻、不近人情等让你难以接受的态度。如果你能以诚挚的心为客户服务，把客户当成上帝一样对待，同样能够赢得客户的心，卖出你的产品。

当客户有虚荣心时，恭维他屡试不爽

　　人人都有虚荣心，尤其是正在购买产品的客户。在一次销售活动中，恰当地恭维，能让你的客户产生一种成就感，产生一种骄傲心理，说不定他会再次找你，甚至引荐他的朋友来光顾你。

　　当然，讲恭维话要适度，过度反而会适得其反。

　　一个销售员在参加一位客户的婚宴时，到新人面前恭维道："从来没有见过如此漂亮的新娘，没有缺点，太完美了。"但是那个新娘五官长得并不是很好看，脸上有很多痘痘。这位销售员自以为说得很好听，却得罪了新娘。

　　他错在恭维得过于虚假。难道新娘会不清楚自己的情况？销售员这样的话在新娘听起来不是恭维，更像是讽刺，这反而会引起新娘的误解，进而很讨厌这个销售员，甚至怀疑他的职业操守，这样的人所销售的东西也不会让人相信。

　　据心理学家分析，自卑心理人人都会有，恰好这种自卑决定了人们或多或少地喜欢别人称赞自己，其实只要你说得准确，人家都会喜欢。因此，适时恭维也是销售员的必备素质之一。恰当地恭维客户，会使客户放松警惕，让客户产生强烈的自豪感后，客户就会用行动来回报你的恭维，在潜意识中对你产生亲切感，进而成为你的长期客户。要想恭维对方，除了用取悦的方法暗示外，还可以直接、明确地用语言或行为来传递，以此满足客户自我炫耀的心理，让客户有成就感。

一位老总自我感觉良好，对个人形象也很看重，他觉得自己能力很强，很优秀。他常常摆出一副冷冰冰的面孔，让人感觉拒人于千里之外。有一位销售员大致了解情况以后，在与该老总见面时说："汪经理，很早就听其他同事夸您办事能力强，说您是个很爽快的人，还很照顾我们这样的人，这次和您合作，实在是我的荣幸。"老总听完这句话马上露出了笑容，愉快地接待了这位销售员。

这位销售员的成功在于正确地恭维了那位客户，使其放松了戒备之心。

下面这位商贩采用了正确的方法并赢得了客户的青睐。

一位老太太每天去菜市场买菜和水果。一天早晨，她来到菜市场，遇到第一个小贩，小贩问："你要不要买一些水果？"老太太说："你有什么水果？"小贩说："我这里有李子、桃子、苹果、香蕉，你要买哪种呢？"老太太说："我正要买李子。"小贩赶忙介绍这个李子又红又甜又大，特好吃。老太太仔细一看，果然如此。但老太太却摇摇头，没有买，走了。

老太太继续在菜市场转，遇到了第二个小贩。这个小贩也像第一个一样问老太太买什么水果，并介绍了自己的水果，说："我这里有很多李子，有大的，有小的，有酸的，有甜的，你要什么样的呢？"老太太表明要买酸李子，小贩说："我这堆李子特别酸，你尝尝？"老太太一咬，果然很酸，满口的酸水，马上买了一斤李子。

但老太太没有回家，而是继续在市场转。遇到了第三个小贩。这个小贩同样问老太太买什么。老太太说："要买酸李子。"他很好奇，接着问："别人都买又甜又大的李子，你为什么要买酸李子？"老太太说："我儿媳妇怀孕了，想吃酸的。"小贩马上说："老太太，您对儿媳妇真好！"小贩又问："那您知道不知道孕妇最需要什么样的营养？"老太太说："不知道。"
小贩说："其实孕妇最需要的是维生素，因为她需要供给这个
胎儿。所以光吃酸的还不够，还要多补充维生素。水果之中，
猕猴桃含维生素最丰富，所以您要经常给儿媳妇买猕猴桃才行！
这样的话，您儿媳妇准能生出一个漂亮健康的宝宝。"老太太
一听很高兴啊，马上买了一斤猕猴桃。当老太太要离开的时候，
小贩说："我天天在这里摆摊，每天进的水果都是最新鲜的，
下次来就到我这里来买，还能给您优惠。"从此以后，这个老
太太每天在他这里买水果。

不同的客户有各自不同的、引以为荣的事情，当你找对了客
户引以为傲的事情，并进行恭维时，就能引得对方心花怒放，从
而让销售工作变得简单起来。要想恭维得当，需要注意以下几点。

①恭维一定要迎合客户的心理，找准那些让他们引以为豪
的事情或经历。

②你要受得了冷遇。虽然你很热情，但是有些客户一开始
的时候仍然有可能表现得不冷不热，这时，你千万不要觉得自
己受了委屈，你可以适当地"弯下腰"和客户找话题，并进一
步找到客户的优势进行恭维。

③即使是恭维也要和客户互动，不要只让客户一个人讲述自
己的光辉史，也不要自顾自地说恭维的话而完全不看客户的反应。

④学会从和客户寒暄的话中即兴取材，自然得体地恭维客
户，这样一方面可以和客户联络感情，另一方面可以为下一步
的正式销售打下基础。

⑤向客户请教，并且配以得体的语言和谦逊的态度，这个
方法能够既自然又得体地恭维客户。

⑥在销售的过程中，如果客户对你或者产品提出了某些意
见，千万不要因此而对客户产生抵触情绪，应适度地反省自己，
然后表示客户提出的意见很有价值、很合理，并且表示一定会

改进，这样可以稳住客户的情绪，以便于以后委婉劝说。

⑦恭维客户并不意味着放弃自己的原则，如果和客户有分歧，面带微笑地协商才是可取之法。

总的来说，在销售过程中，恭维客户是必不可少的环节之一，它能够帮助你消除客户的心理防线，为成功销售打下基础。作为一个销售员，恭维之言千篇一律，即出于好意，但面对各类客户，也未必都会成功。因此，恭维客户时要因人而异，这样才能进行下面的销售。

当客户爱占小便宜时，给他芝麻你抱西瓜

关于销售有这样一个道理：很多时候，客户想要的不是便宜，而是占到便宜后的心理满足感。也就是说，如果你能让客户有占便宜的感觉，那么，客户就相对容易接受你销售的产品，进而促成交易。

客户这种爱占便宜的心理正是商家的商机所在。生活中，这样的情况屡见不鲜。例如，许多商家在劝客户购买东西时都会说："就要下班了，我破例给您打个折。""我给您的可是清仓的价，你可不要和别人说是这个价钱买的啊！""今天还没有开张，那就给您个最低价，图个开张大吉。"这些都会使客户有一种自己占了便宜的感觉，从而欢欢喜喜地满载而归了。

而大多数客户并不会对商品的真实价格追根究底，只要觉得自己占了便宜，就会高高兴兴地购买商品。销售人员应该学会利用客户的这种心理来促成交易，提升销售业绩。

有一个卖衣服和布匹的店铺，店铺里有一件珍贵的貂皮大衣，因为价格太高，一直卖不出去。后来店里来了一个新伙计，他说他能够在一天之内把这件貂皮大衣卖出去，老板不信，因为衣服在店里挂了一两个月，人们只是问问价钱就摇摇头走了，怎么可能在一天时间里卖出去呢？

伙计要求老板配合他的安排，他要求不管谁问这件貂皮大衣卖多少钱，一定要说是 500 美元，而其实它的原价只有 300 美元。

　　两人商量好以后，伙计在前面打点，老板在后堂算账，一上午基本没有什么人来。下午的时候店里进来一位妇人，她在店里转了一圈后，看好了那件卖不出去的貂皮大衣。她问伙计："这衣服多少钱啊？"

　　伙计假装没有听见，只顾忙自己的，妇人提高嗓门又问了一遍，伙计这才反应过来。

　　他对妇人说："不好意思，我是新来的，耳朵有点不好使，这件衣服的价钱我也不知道，我先问一下老板。"

　　说完他就冲着后堂大喊："老板，那件貂皮大衣卖多少钱？"

　　老板回答说："500美元！"

　　"多少钱？"伙计又问了一遍。

　　"500美元！"

　　老板的声音很大，妇人听得真真切切，心里觉得太贵，不准备买了。

　　而这时伙计憨厚地对妇人说："老板说300美元！"

　　妇人一听顿时欣喜异常，认为肯定是小伙计听错了，自己少花200美元就能买到这件衣服，于是心花怒放，又害怕老板出来就不卖给她了，于是付完钱以后便匆匆离开了。

　　就这样，伙计很轻松地把滞销了很久的貂皮大衣按照原价卖出去了。

　　伙计就是利用了妇人爱占便宜的心理，才成功地把衣服卖了出去。销售人员在销售自己的产品时，也可以利用客户爱占便宜的心理来促进销售。

　　利用客户占爱便宜的心理做销售并非那么容易，需要采取一些相应的措施。那么，具体来说，销售员应该怎样做才能满足客户这种想占便宜的心理呢？

　　①做商品促销。看看商场中那些最畅销的商品，往往不是知名度最高的，也不是价格最低的，而是那些"周周变、天天有"

的促销商品。其实，促销的实质就是为了迎合客户想占便宜的心理。因为价格一旦降低，客户就会认为"占便宜"的时机到了，于是开始了疯狂的抢购行动，因此，商场中的那些促销商品的销量往往是最高的。

但是，优惠不过是一种手段，说到底是用一些小利益吸引大客户，你还是有赚头的，不然商场里也不可能经常有"买就送""大酬宾"等活动。当然，在优惠的同时，你还要传达给客户一种信息：优惠并不是天天有的，你很幸运。这样，客户的心理才会更满足，他们才会更愿意与你合作。

②送一份小礼物。虽然每个客户都有想占便宜的心理，但是同时，他们又都不愿意平白无故地占便宜。作为销售员，如果能够将这两种心理结合起来，业绩一定会更好。具体地说，你可以在正式销售之前，送客户一些小礼物，这样通常能够大大提高双方合作的概率。

给客户一些小便宜，送客户一些物美价廉的小礼物，能够占据与客户交流的主动权，让客户接受自己。而那些不对客户做出微小让步的销售员在业绩方面一定会有不尽如人意的地方，要知道，不舍得花小钱就赚不来大钱。

不过，销售员一定要明白，这种"施恩惠"的方法的作用仅在于加强你与客户之间的沟通与交流，并不能够保证客户一定会购买你的产品。要知道客户是否购买你的产品会受到许多因素的影响。因此，当你送出了礼物却并没有卖出产品的时候，不要灰心丧气，更不要埋怨客户、对客户失去信心。虽然客户没有购买你的产品，但是客户会从其他方面对你做出回报，如客户会为你做宣传。

总之，满足客户想占便宜的心理，适当地给予客户一些小恩惠，对销售员实现成交和提升业绩都是非常有利的。

当客户争强好胜时，请将不如激将

如果你的客户的软肋是争强好胜、爱面子、自尊心强等，那么你就可以大胆地运用激将法来赢得客户。下面案例中的吴厂长就很好地做到了这一点。

某市有一家服装厂，三年前花20万元进口了一整套现代化高科技刺绣设备，由于技术力量跟不上，放在厂里三年都无法使用。后来，新任厂长吴静决定把这套设备转让出去。她了解到本市另外一家服装厂的经济实力比较雄厚，正想购买设备扩大规模，觉得把设备卖给他们是一个很好的选择。同时，吴厂长也了解到，该厂成立时间并不是很长，并且，一直在扩大规模，所以，手头资金应该不是很充足。这样一来，对方可能就会压价或是不能及时结款，这是一个很让人头疼的问题。

商谈开始后很快就陷入了僵局，吴厂长要求对方原价购买自己的设备，对方的李厂长一听就拒绝了吴厂长的要求。

对此，吴厂长一筹莫展。但就在双方休息的时候，吴厂长发现了对方厂长李胜的一根软肋——年轻好胜。据说李胜在任何情况下都不认输，他最怕的就是别人认为他没有能力，看不起他。他拼命地扩大工厂规模，也是因为他的这一性格。

找到了对方的软肋，吴厂长决定重新会一会李胜。她要让李胜不仅花原价把设备买走，同时，还要现款结算。

在双方再次商谈时，吴厂长直截了当地说："李厂长，我们的设备是一套现代化高科技刺绣设备，如果您那里技术力量不够的话，那就免谈了，设备到了您那里也是浪费。"

本来正在犹豫的李胜一听这话，马上来了精神："我们这里的技术力量是最好的，在全国同行业中也是佼佼者，要是我们这里的技术力量不行，您这设备就卖不出去了。"

"我当然相信李厂长的实力，要不然我也不会来找您呀！不过，丑话说在前面，我要现款结账。我是着急用钱才把设备转让的，否则，这刚刚进口的这么好的设备我自己还留着用呢！不知道李厂长能否答应我这个条件：现款结账。如果李厂长感觉为难，我也不强求，我再去找别人。"

李胜一听就急了："吴厂长，你看不起我！我李胜如果连20万元现款都结不了，我这服装厂就不用开了。没问题，你的设备我要了，我们马上就签合同。"

事例中的吴厂长所运用的激将法彻底把李胜征服了，她不仅成功地将"休养"了三年的设备以原价转卖给了李胜，还"迫使"李胜以现款结算。可见，只要抓住客户的软肋——好面子、自尊心强，就可以巧妙地运用激将法，在这种情况下，实现成交会非常容易。

在使用"激将法"时，主要是通过语言来刺激客户，但千万不能为了实现自己的目的而甩脸子、拍桌子，这不仅有损自己的形象，还可能让客户心生厌恶并拂袖而去。因此，应该对客户采取一些有节制的"刺激"，要掌握好时间和火候。逼得紧了，可能彻底将客户激怒，导致销售无法进行下去；话说得浅了，又有可能使客户不买你的账，达不到想要的效果。至于如何掌握火候，这就要求销售人员足够细心，通过语言侧面探询，摸透客户的心理，然后迅速出击，直击客户的软肋，这样必胜无疑。

与此同时，使用激将法时要看清楚说服的对象、环境和条件，不能随意滥用。一般来说，对于自尊心比较强的人，比如：

自负的人、任性的人、好感情用事的人、性格外向的人，就可以运用激将法。而那些自尊心比较弱、敏感多疑、谨小慎微、性格内向的人，容易把"激将"的话看成是奚落和嘲讽，从而产生情绪低落、丧失信心等情况，这时就不适合运用这种方法。

总之，在销售过程中适宜地运用激将法的策略，能够解决很多棘手的问题，能够为销售员赢得客户，促成交易。

当客户留恋旧时光时，给他一种情怀

现在，人们置身于一个发展极为快速的时代，每天都会接触许多新鲜事物，喜欢的、不喜欢的，能适应的、不能适应的。面对如此快的生活节奏，人都会感到疲累，对那些不断涌现出的新鲜事物感到不适应。这时，人会不由自主地依托怀旧来减轻心理不适。因此，怀旧心理是每个人或多或少都会有的一种心理。在销售过程中，巧妙利用客户的怀旧心理，对提高某些消费群体的购买力有显著的作用。

能够让人追忆、怀念的必然是刻骨铭心的经历或者事物。销售人员利用怀旧心理做销售工作，关键是要找出这个让人感到刻骨铭心的经历或者事物，然后将自己销售的产品与其联系起来，进行宣传，这样就能引起客户的心理共鸣，进而让客户对你的产品产生兴趣。当然，这种销售宣传的对象应该是一个群体而不是某个人。因此，通过找到目标群体的共同经历或者共同体验，来抓住他们共有的心理共鸣点，以此来定位客户群体，扩大自己的业务范围，必然能够取得很好的效果。

南方黑芝麻糊的广告就是利用了某些南方客户的怀旧心理。羊肠小道、浓浓的南方口音、扁担和挑子，让那些对南方生活记忆犹新的人们感到亲切和温馨，进而激起客户一种重返乡土的感觉。因为南方黑芝麻糊给了人们一种情怀，所以让很多人在消费时就认它的品牌。

怀旧者通常可以分为以下几类群体。

①年龄在40岁以上的群体：随着年龄的增长，人生的巅峰逐渐成为过往，人们的怀旧心理也越来越强。40岁以后，生活和事业都变得相对稳定，闲下来的时间也多了，于是人们总是不由自主地想这想那一方面总是不由自主地想起年轻时那些美好的人、事、物；另一方面由于时代的巨大变化，造成了更大的心理落差，因而更加怀念"当年"。如果你能适时地提一些他们那个时代的美好生活，勾起他们的回忆，往往能够让他们对你和你的产品产生亲切感，进而产生购买欲望。

②有特殊经历的群体：人生的特殊经历是很难让人忘怀的，是让人刻骨铭心的。当你向客户重提他们的特殊经历的时候，他们的心中会产生一种莫名的感动，这样你的销售工作就好进行了。

③远离或背离以往生活环境的群体：大多数成功的人都有艰苦创业、奋力拼搏的经历。虽然是苦日子，但却是他们人生中最宝贵的一笔财富，他们为自己能够从苦日子走过来、改变自己的命运而自豪。当这些经历被提及的时候，他们心里的那种骄傲自豪之感便油然而生。换言之，当你勾起他们对过往的回忆的时候，会让他们肯定自己的价值，从而对你和你的产品产生好感。

④不愿改变过去的生活习惯，喜欢沉溺于过去情境中的群体：时代发展快，许多东西来得快去得也快。更新频率高、淘汰率大，会让人感到不安全。为了寻回安全感，很多人会从心理上抵制"跟风"，仍然喜欢购买那些至少在包装上保留着过去影子的产品。

不同的怀旧群体，其怀旧心理各不相同，依托的物品也多种多样。销售人员在宣传和推销自己产品的时候，要采用不同的策略和有针对性的行动来激发其购买欲。

第十一章
成交不是结束，
是经营客户资源的开始

　　做销售人员若把成单看成终点，迫不及待地去做陌生客户拜访工作，寻找下一个意向客户，这无异于捡了芝麻丢了西瓜。对于聪明的销售人员来，成交不是结束，而是经营客户资源的开始，客户资源滚雪球就从这里开始。

买卖是短暂的，服务是长久的

售后服务是产品销售的一种延续，很多销售人员没有充分重视这个环节，认为把产品卖出去就万事大吉了。在这个服务至上的年代，高质量的产品必须与全方位的服务相配套才能争取更多的客户。谁能为客户提供更好的售后服务，谁就能永久地抓住客户的心。在销售过程中，销售人员要有售后服务的意识，以优质的售后服务吸引客户。下面事例中的销售员就是利用这一点才销售成功的。

王总正在为合作伙伴糟糕的售后服务而犯愁，一位销售员正巧来拜访。了解到客户的困扰之后，他趁机提供了自己所销售产品的样品。

王总："以前从没听说过你们公司啊，我们之间也从没合作过，你凭什么让我相信你的产品？"

销售员："在这个领域，我们公司的影响力的确不如那些实力雄厚的公司，但我们正在确立自己的优势。"

王总："确立什么优势？"

销售员："王总，我能先提一个问题吗？"

王总："当然可以。"

销售员："您过去一直与××公司合作，您有什么不满吗？"

王总："他们的产品质量还是非常有保证的，只是他们的售后服务做得非常不到位。机器一旦出现故障，总是找不到维修人员。"

销售员："售后服务就是我们最大的优势。您想，我们这家新公司要想与那些有实力的公司相抗衡，仅仅保证产品的质量是远远不够的，还需要尽力去做的就是完善产品的售后服务。您放心，我们一定能够做得更好。您是这方面的专家，这样吧，先看看我们公司的样品，然后咱们一起探讨售后服务的细节问题。"

王总："好的……"

最终，王总购买了这位销售员的产品。

事例中的销售员为什么会销售成功呢？主要就是因为他抓住了客户为售后服务犯愁的心理，并突出了自己产品的售后服务优势，从而顺利地实现了销售。可见，客户在购买产品的过程中都很重视产品的售后服务。

没有良好的售后服务，客户就不会信任你，甚至会将你所销售的产品拉入"黑名单"。如此一来，你所做的一切努力都将白费了。那么，你该如何向客户突出自己的售后服务优势呢？需要从以下几点做起。

①让客户充分了解产品的售后服务。售后服务是整个产品销售整个过程中不可或缺的一部分，也是客户最为关注的一部分。很多客户之所以购买你的产品，就是看中了你所具有的完善的售后服务。但是，并不是所有的客户都能够正确地了解售后服务的含义。有的客户对售后服务的理解有所偏颇，这会大大误导他们。所以，销售人员只有把产品的售后服务详细地讲给客户听，才能使客户在使用产品的过程中避免一些不必要的麻烦。比如，客户提出："小李，你们的售后服务一点也不完善。你看，只有简单的几条。"销售人员可以这样向客户解释："先生，售后服务的概念非常广泛，并不仅仅是指与产品本身有关的维修、保养等常规的服务，还包括产品商情报道和服务承诺履行等。由于我们是服务行业，因而售后服务偏重后者。"

②确保售后服务的介绍面面俱到。销售人员介绍得不全面

是导致客户对售后服务理解出现偏差的一个重要原因。有的销售人员目光短浅，只想着如何把产品销售出去，对售后服务缺乏足够的重视。客户不提，他们也闭口不言；客户若追问，则简单地介绍或者干脆隐瞒。在这种情况下，客户是很难感受到你的售后服务优势的。因此，身为销售员的你一定要全方位地向客户解释售后服务的特色和优势，以此来吸引客户。

在销售过程中，许多销售人员都承诺产品拥有优质的售后服务，让客户放心。而在交易完成之后，产品出现了问题时，许多销售人员不是持不管不顾的态度，就是提供效率过低的售后服务。售后服务效率低，不仅会给客户带来经济和精神上的压力，还会严重影响销售人员、产品及销售人员公司在客户心目中的形象。下面事例中的王先生就遇到了售后服务效率低的窘境。

王先生在当地某4S店买了一辆车。让他没想到的是，不到一个月，车就出现了故障。一天，王先生驾车行驶在高速公路上，行驶不到200公里车就熄火了。待他再次发动车后，没走多远车又熄火了。不到300公里就熄灭了3次，还险些出了车祸。王先生非常恼火，便向当时负责此车的销售员小李反映了此问题。小李也向4S店的技术部门反映了此问题。

这家4S店的工作人员接到投诉之后，虽然采取了一些措施，但仍然没有检查出任何问题，每次都是让王先生不断地试车，仅试车就跑了100多公里。除了里程表上的数字直线上升汽车的故障却一点也没查出来，可能是因为试车过多，又出现了发动机抖动、排气管冒黑烟等一系列问题。令王先生更为恼火的是，车放进4S店20多天了，故障仍然没有排除。

这给王先生带来了巨大的经济和精神损失。由于王先生家离4S店比较远，所以他不但每天要就近吃住，还耽误了大量的工作。他多次打售后服务电话要求尽快处理，但得到的答复总是：

"车的问题只能通过网络反馈到技术部，故障还得由他们来排除，我们正在加紧给您处理。"

买车是一件让人开心的事，本来想开着心爱的汽车出行，没想到会遇到这种情况，王先生非常气愤。

一个小小的熄火问题，查了20多天竟没有查出故障原因，不仅如此，还出现了发动机抖动、排气管冒黑烟等新的故障。这不禁要令所有的客户产生怀疑，是技术水平问题，还是店员的责任心不强？如果这种问题得不到解决，不仅会给客户带来经济和精神的双重损失，还会严重损害销售员所在公司的形象。

为了避免发生这样的情况，销售人员应该做好售后服务，具体来说，有以下两点。

①提高效率，尽量一次性查清问题。客户反映产品的问题之后，销售人员要注重提升售后服务效率，尽量一次性解决，切忌推诿拖延。当客户提出要求时，要在第一时间帮客户办理相关手续。有的销售人员遇到这种情况时，不是直接拒绝客户，就是索性把客户交给售后服务部。最后，客户先后打了许多电话，也无法搞清楚产品到底为什么会出现问题。

要知道，你是把产品卖给客户的人，客户首先接触的也是你。当产品出现问题时，大部分客户都会第一个想到你。作为销售人员，你就有义务为客户排忧解难。因此，你应该承担起这份义务，尽量提升售后服务效率，争取一次性查清问题并解决问题，相信这样客户一定会非常满意的。

②安抚客户，真心为客户着想。对于大部分客户来说，购买产品买的就是一个放心，买的就是一个舒心。如果客户购买的产品出现问题，并且售后服务效率很低，这样不仅会占用客户宝贵的时间，还会给客户带来精神压力。因此，销售人员要及时安抚客户，让其放心，并真心为客户着想，让其舒心。此时，销售人员可以这样安抚客户，"先生，您别急，有什么问题您

慢慢说，我们将尽快为您解决"或"先生，请稍候，我先为您检查一下吧。如果不是什么大问题，我马上为您解决"。

总之，售后服务在销售过程中是极其重要的。如果忽视了售后服务，你也就丧失了众多的"回头客"和忠实客户。当客户提出产品问题之后，销售人员要尽快帮助客户解决问题，不要给客户留下售后服务效率低的印象，否则对于提升你的销售业绩和维护公司的长远利益都是极为不利的。如果在销售过程中突出产品的售后服务优势，客户就会加倍信任你，从而接受你的产品。

正确处理客户的投诉

　　在产品销售出去以后，出现客户投诉是很正常的情况，因为任何一种产品在客户使用的过程中都有可能出现让客户不满的地方。作为销售员，面对客户的投诉时所采取的态度和方法，直接决定了客户的满意度、销售员的信誉、今后的合作及口碑宣传等方面的情况。如果对客户的投诉处理不当，一定会影响销售员的销售业绩和公司的利益。

　　因此，当客户就产品问题投诉时，销售员不要躲避、拖延，要积极主动出击，站在客户的角度想问题，从而减少客户心中的不满，真正地为客户解决问题。下面事例中的经理就做到了这一点。

　　一位客户从超市买了一袋奶粉，结果回家食用的时候，发现里面有一些黑色杂质，于是非常生气地拿着奶粉去超市投诉。

　　一到超市，客户便对销售员说："你看看你们卖的奶粉里面都是些什么东西，这么多黑色的杂质。"

　　"我们的产品都是从正规厂家进的货，不可能出现这种问题。"

　　……

　　客户和销售员便争论起来。

　　这时，超市经理走了过来，了解情况之后，对客户说："奶粉没有喝吧？"

　　"这么多杂质，怎么喝呀！"

　　"没喝就好，这么多杂质，喝了对身体伤害会很大！"听完这句话，客户的情绪缓和了许多。

经理继续解释道："这批货都是从国家权威认证机构获取的，质量有保障，杂质可能是在装袋的时候不小心掉进去的。这样吧，损失算我们的，我给您换一袋吧！"

这时，客户的气愤情绪完全消除了，他高兴地接受了经理的建议。

面对前来投诉的客户，经理首先站在对方的立场上关心客户，然后又为客户做出了合理的解释，并做了相应的赔偿，最后成功解决了客户的投诉。销售人员在面对前来投诉的客户时，应该向事例中的经理学习，要站在客户的立场上对客户遇到的情况表示理解和关心，这样客户的情绪自然就会缓和一些，然后再快速向客户了解情况，提出解决办法，从而缓解客户的不良情绪。

2001年某日，在某购物广场，客户服务中心接到一起客户投诉，客户说从商场购买的"晨光"酸牛奶中喝出了苍蝇。投诉的内容大致是：客户李小姐从商场购买了"晨光"酸牛奶后，马上去一家餐馆吃饭，吃完饭李小姐随手拿出酸牛奶让自己的孩子喝，自己则在一边跟朋友聊天，突然听见孩子大叫："妈妈，这里有苍蝇。"李小姐寻声望去，看见小孩喝的酸牛奶盒里（当时酸奶盒已被孩子用手撕开）有只苍蝇。李小姐顿时火冒三丈，带着小孩来商场投诉。正在这时，有位值班经理看见了，便走过来说："你既然说有问题，那就带小孩去医院，有问题我们负责！"李小姐听后更是火冒三丈，大声喊："你负责？好，现在我让你去吃10只苍蝇，我带你去医院检查，我来负责好不好？"她边说边在商场里大喊大叫，并口口声声说要去"消协"投诉，引来许多客户围观。

该购物广场客户服务中心负责人听到后马上前来处理，赶快让那位值班经理离开，又把李小姐请到办公室交谈，一边道歉一边耐心地询问了事情的经过。

在了解了情况后，商场方提出了处理建议，但由于李小姐对值班经理"那就带小孩去医院，有问题我们负责"的话一直耿耿于怀，不愿接受道歉与建议，这使交谈僵持了两个多小时之久，依然没有结果，最后商场负责人只好让李小姐留下联系电话，提出换个时间与其再进行协商。

第二天，商场负责人给李小姐打了电话，告诉她："我商场已与'晨光'牛奶公司取得了联系，希望能邀请您去'晨光'牛奶厂家参观了解（晨光牛奶的生产流水线：生产——包装——检验全过程全是在无菌封闭的操作间进行的），本着商场对客户负责的态度，如果客户要求，我们可以联系相关检验部门对苍蝇的死亡时间进行鉴定与确认。"由于客户接到电话时已经过了气头，冷静下来了，而且也感觉商场负责人对此事的处理方法很认真严谨，因此态度一下缓和了许多。这时商场又替值班经理道了歉，并对当时李小姐发现苍蝇的地点——并非是环境很干净的小饭店，时间——大人不在现场、酸奶盒没封闭，已被孩子撕开等情况做了分析，让李小姐知道这一系列情况都不排除是苍蝇落入（而非酸奶本身带有）酸奶的因素。

通过与商场负责人的不断沟通，李小姐终于不再生气了，最后告诉商场负责人：其实最生气的是那位值班经理说的话，既然商场对这件事这么重视并认真负责处理，所以也不会再追究了，她认为苍蝇有可能是小孩喝酸奶时从空中掉进去的。客户说："既然你们真的这么认真处理这件事，我们也不会再计较，现在就可以把购物小票撕掉，你们放心，我们会说到做到的，不会对这件小事再纠缠了！"

事例中，值班经理的处理方法确实存在很大的问题，作为销售方，在发生问题后，并没有对自己的产品进行检查，而是采取推脱抵赖的方法，这不仅让客户难以接受，对商场的信用也造成了损失。而商场负责人的做法恰恰相反，在出现问题后第一时间安抚客户的情绪，并了解事情的原委，通过多方联系，最终消除客户疑虑，圆满地处理了客户的投诉。

（1）投诉处理步骤

可以看出，案例中所采用的处理客户投诉的方法的确很有效，但要想更好地处理客户的投诉，需要按照一定的投诉处理步骤进行。投诉处理步骤有以下几个：

① 对客户表示理解。销售员要对客户所经历的不顺利事实表示理解，并适宜、得体地道歉。道歉不仅不会丢面子，还可以缓解客户的情绪，挽留住客户。

② 向客户询问有关事情的经过。销售员在了解客户投诉的内容后，要判断客户投诉的理由是否充分，投诉要求是否合理。如果投诉不能成立，就应当以委婉的方式答复客户，取得客户的谅解，消除误会。

③ 对投诉的事件做出快速、有效的反应。销售员在确定客户的投诉合理后，要迅速提出一种或几种适宜的解决方案。客户见到自己的投诉得到了重视，并能够获得一定的补偿后，他们会对那些表示出真诚歉意的销售员感到满意。

④ 对决定的方案进行落实和跟踪。销售员给予客户承诺时，一定要确信自己可以实现，并要采取行动落实。这样不仅可以消除客户的不满，还可以获得客户的好感和信任。

⑤ 进行归纳和总结，并留档分析。在处理完客户的投诉后，销售员要及时进行总结，吸取经验教训，提高对客户服务的质量和水平，降低投诉率。同时，销售员对每一起客户投诉及其处理要做详细的记录，包括投诉内容、处理过程、处理结果、客户满意程度等，通过记录，总结经验教训，为以后更好地处理客户投诉提供参考。

（2）处理客户投诉时的注意事项

此外，在处理客户投诉时，还需要注意以下两点。

① 销售员在处理客户投诉的整个过程中，所做的一切都要以化解客户的不满为中心，无论是自己的语言还是态度，都要力求做到让客户能够接受，做到心平气和地沟通，围绕问题解决问题，从而重新赢得客户的口碑，并通过他去影响其他客户。

② 销售员在面对客户投诉时，不能毫无原则地迁就客户，这样不仅不能解决问题，还会影响自己的正常工作。因此，销售员在处理客户的投诉时，应依据公司的制度处理客户的投诉，不能为了让客户满意，做出公司规定之外的一些承诺。

总之，销售员应该把客户的满意和信任作为自己的出发点和落脚点，并正确地处理客户的投诉。只有这样才能让客户对自己提供的服务满意，才能让客户信任自己，从而获得更多的客户和市场。

铁粉吸引大法——付出

销售员中普遍存在的一个销售状况是在做完一笔订单后就对这个客户从此不闻不问，其实在销售圈里面有一批特殊客户，那就是铁粉，即忠实客户。我们在不断开发新用户的同时也要时刻关注老客户的近期动向，要时常打电话、登门拜访一下老客户，这就是所谓的培养忠实客户，让自己拥有永不枯竭的客户资源。

马里奥·欧霍文是世界顶尖的销售大师，销售咨询培训专家，曾连续三次获得世界冠军销售员的殊荣。那么，欧霍文是怎样做到的呢？

欧霍文曾经这样总结自己的成功经验："对于我来说，销售的关键时刻，以及我需要做的最重要的工作，是在客户购买了产品之后。"也就是说，他极其重视售后服务。他也正是因为做好了这一点，才拥有了相当稳固的客户资源。而且这些老客户还经常向他主动介绍一些新客户，所以他几乎不用花太多的时间去开发新客户。那么，他在售后服务方面是怎样做的呢？

通常，欧霍文在订单下达之后的 48 个小时内，会用电话询问客户产品是否按时送到，并且主动询问客户还有哪些问题需要解决。如果客户提出了问题，他会马上通知相关人员帮助解决，并且诚挚地向客户表示关切。之后，他会经常和客户进行电话联系，或者询问客户产品的使用情况，或者向客户提供一些优惠信息，或者在节日期间向客户表示祝贺和慰问等。

除此之外，他还为每一位购买过产品的客户建立了一份"档案"，其中包括客户购买产品的时间、数量，通话的次数和每次通话的内容概要等。他还经常挑选一些具有纪念意义的日子赠送给客户一些小礼物。礼物虽然不贵重，却表达了他对客户的重视和关心。

可见，欧霍文之所以能够培养出众多的忠实客户，就是因为他在售后服务这个过程中，诚挚地向客户表示关切。比如，他会打电话询问客户产品是否及时收到、询问产品的使用情况、向客户提供一些优惠信息、在节日里送去祝福和礼物……这些都让客户感受到了欧霍文的良苦用心，这样一来，他们就会更愿意购买他的产品。欧霍文的这种售后服务，体现的是一种人性关怀，容易让客户产生一种心理满足感，从而使众多客户成为忠实客户。

销售员对客户的售后服务就应该像欧霍文的那样灵活，并注重客户的心理体验。要知道，服务是一种无形的产品，是维系销售员与客户关系的纽带，也是让销售员在激烈的产品同质化竞争中脱颖而出的重要战略。因此，作为销售员，无论你销售什么，都应当像欧霍文那样做好你的售后服务工作，付出比你的竞争对手更多的努力。

比如，房地产经纪人可以这样关心客户："我给您介绍三家本地银行，您应当多了解一下哪家银行能够提供更好的抵押条件。"销售人员对客户的这种关切，往往能够使客户感觉到舒心，从而更加信任销售员。

总之，在售后服务过程中，要勤于向客户表示关切，不要因为自己的懒惰而失去一大批忠诚客户。要知道，你主动为客户提供的方便越多，客户得到的好处就会越多，客户就会对你越满意，你的销售工作也就越成功。

你懈怠，客户就会从粉丝转为路人

物理学中有一个现象：斜坡上端的小球，往下滑不费力，且越滑越快；反之，如果要使斜坡下端的小球往上，则要费去不少力气。"上坡"是积蓄能量，换取高度；而"下坡"是牺牲高度，释放能量，换取畅快。

人生同样遵循"下坡容易上坡难"的定律。人们常说的"由俭入奢易，由奢入俭难"，也是一样的道理。

人要变好、要成功往往比较困难，但是，要变坏、要失败却是很容易的事情。心理学家把这个心理定律叫做"下坡容易定律"。

这种现象源于人的本能、欲望的低级需求。

人类学家认为：人首先是自然的、动物性的人，然后才是社会性的人。

攻击、破坏、放纵、自私是动物的本能。为了在严酷的生存环境中得以生存、繁衍，动物必须以这些本能去适应环境。贪心、懒惰、自私自利等坏的方面，恰恰是受人的生存驱动力影响的，是源于动物本能的需求，是对欲望的放纵，没有意志力的克制，就会自发地表现出来。

销售本身是一个动态的过程，由开发客户到积累客户，然后再开发、再积累，如此反复，销售人员才能积累到更多的客户，销售业绩才能一步步得到提升，销售才能越来越成功。然而，很多销售人员，积累到一些客户以后就开始"坐吃山空"，不再开发和积累客户，他们以为这样就可以一劳永逸、高枕无忧了。

其实，他们的想法和做法都是大错特错的，因为在瞬息万变的现代社会里，客户不可能是一成不变的，他们会做出各种新的选择，选择与其他的公司和销售员合作，而不会只专心于一家公司。而且，市场是具有无限潜力的，如果开发积累到一些客户以后就不再开发新客户了，那么将彻底失去未知的巨大的客户群。下面事例中的小王就是因为不再开发积累新客户才会一败涂地的。

小王在一家通信器材公司做销售工作，已经有很多年了。通过长时间的积累，他拥有了稳定的客户群。可以说，即使他不去走街串巷地进行销售，每个月也能拥有不菲的收入。

因此，小王不再开发新客户，也不再频繁地拜访老客户，就连给客户打电话了解情况的次数也越来越少。刚开始的几个月，小王的销售业绩还能够维持在一定水平上，然而，渐渐地，他的业绩越来越差，到了最后甚至还不如新人的业绩高。到了这个地步，小王自己也开始着急了，于是他开始联系以前的那些老客户，可是，在自己感觉"一劳永逸"的时候，这些客户早就被其他殷勤周到的销售人员抢走了。

在销售中，当通过自己的努力拥有了稳定的客户群，也有了稳定的、让自己满意的销售业绩的时候，销售人员就容易纵容自己不再努力地开发客户、拜访客户、关心客户。这是一种非常危险的情况，因为它预示着销售人员的客户将逐渐减少，销售人员将面临销售的失败。这就像一个没有河流注入的湖泊，随着湖水的流失，湖泊会逐渐干涸。事例中的小王正是因为没有做好湖泊的"开源节流"工作，才导致自己的销售工作陷入困境的。

我们常说："世界上没有无缘无故的爱，也没有无缘无故的恨。"的确如此，感情既需要建立，更需要培养。在培养感情的时候，人们通常会倾向于与自己熟悉的人接近和交往，因此，彼此经常见面、打交道，如此一来，大家就会相互了解，进而相互关心、相互帮助，并且对对方行为、思想的可预知性也日益增大，因此每次见到对方都会感到亲切、安全、愉快，感情自然会得以发展。

销售做得好的人、人脉广的人总是信奉这样一个信条："大事小事勤商量，有事没事常来往。"这显然是明智的，因为如果你想要与客户建立和增进友情，就必须让彼此熟悉起来。而这需要销售人员与客户之间的接触达到一定的时间频率。

人与人之间的任何一种交往都是互动的，销售人员与客户之间也不例外，如果你不开发客户，客户就不会聚拢在你的身旁；如果你懒于经营客户，客户就会疏远你，不再信任你。如果通过努力开发出一个客户，并且用心去经营这个客户，那么，身为销售人员的你将真正积累起这个客户，这对你的销售来说是极为有利的。

另外，竞争是时时刻刻都存在的。很多时候可能就是因为你一时的惰性，没有开发、拜访和关爱客户，而给了那些潜在的竞争对手以可乘之机，让他人抢走了你的客户，签订了本来应该是你签的合同，赚走了本来应该是你的钱。这对你来说将是巨大的损失。

总而言之，身为销售人员的你，不要认为积累到一些客户以后就可以一劳永逸了，要时时刻刻充满竞争意识，努力去开发新客户，经营和关爱老客户，只有这样，你的销售业绩才能持续提升，你才能让自己永远立于不败之地。

让老客户来牵线搭桥

老客户对你和你所销售的产品已经非常认可，他们更愿意把这份认可和身边的亲戚、朋友分享。有的销售人员总是不敢向客户开口，怕遭到客户的拒绝。其实，这种顾虑是完全没有必要的。试想，如果你是一个消费者，使用了一款让你满意的产品，你肯定愿意把它推荐给自己的朋友或家人，让他们认同你的选择。所以，只要你始终为客户提供优质的服务和产品，让客户用得放心，并取得了客户的信任，他们一定愿意给你介绍新的客户。下面事例中的小杜就遇到了这样的情形。

小杜是一名销售防锈油的销售员，凭借优质的产品和良好的服务获得了一位客户的信任。后来，这位客户主动打电话过来要介绍一个他的朋友购买小杜的产品。

事情是这样的，当时小杜给这位客户打了一个回访电话，询问产品的使用情况。对方表示非常满意，产品完全没有问题。就在准备挂电话时，对方忽然问："你有没有接到我的一位朋友打的电话？我向他介绍了你们公司的产品，他非常感兴趣，也准备购买你们公司的产品。"

小杜："我暂时还没接到电话。"

客户："是吗？我这位朋友是电镀厂的。他们公司平时对这种产品需求量很大。"

小杜："也许您的朋友现在比较忙，把这件事忘记了。"

客户："我再问一下他。"

客户挂掉电话之后，小杜也没多想，毕竟是第一次合作，不敢奢望客户帮忙介绍新客户。过了两天，这位客户又打电话过来了。

客户："小杜啊，我跟我那位朋友谈过了，他们认为你们的产品用起来还可以，不过，他们对产品的要求比较高，一般的产品根本满足不了他们的需求。你们那有没有规格高一点的产品啊？价格不是问题。"

小杜："李先生，真是太谢谢您了，我能否与您的朋友亲自谈一谈呢？

客户："可以啊，我把他的联系方式给你，你们细谈。"

最终，小杜和客户的朋友谈成了一笔大的订单。

事例中的小杜之所以能够获得一笔大的订单，就是因为他的老客户向他推荐了一个新客户。可见，在销售过程中，销售人员利用老客户的牵线搭桥来认识新客户，是取得客户资源的一种极为有效的方式。由于有了中间人的介绍，与新客户沟通起来就少了许多麻烦，从而可以直接进入产品的销售阶段。

但也不是所有的老客户都愿意给你牵线搭桥，有的是心有余而力不足，有的是有能力却不愿介绍。那么，你怎样才能让有能力的老客户为你介绍新客户呢？这就需要销售人员做到以下几点。

①满足客户的虚荣心。有些客户喜欢出风头，喜欢表现自己。遇到这类客户，在与他们谈话的时候，一定要让他们充分地表现自己。比如，公司召开客户答谢会时，可以邀请老客户作为客户代表上台讲几句，也可以给他们颁个荣誉奖之类的。总之，要多给对方表现的机会，以满足他们的虚荣心。只有心理需求得到满足之后，他们才乐于与你分享。

②充分利用公司对老客户的优惠政策。有些老客户会盘算帮你介绍一个新客户自己能得到多少好处或利润。如果没有一定的好处，这类老客户是绝对不会帮你的。遇到这样的客户时，

销售人员就要利用现有的条件，尽量地满足他们的利益要求。许多销售公司就专门制定了相关的优惠政策，对于一些老客户都有一套特殊的管理方案。比如，在销售房产时，可以给出这样的优惠："我们这是一个高端别墅项目，公司有一整套的老客户关系管理方案，如果您能介绍新客户，并实现成交，就可以得到一万元红包的奖励。"

③为客户提供帮助，让客户产生回报之心。销售人员与客户的关系并不是简单的金钱和产品的交易关系。销售人员要想搞好与老客户的关系，关键还是在售后服务上。这就需要销售人员时不时地为客户提供一些力所能及的帮助，尤其是当对方提出一些要求时，一定要以此为契机，让对方感受到你的好。同时，你也可以以此为筹码，婉转地请对方介绍一些新客户。其实，对于客户来讲，如果产品很好，他们都会主动为你介绍。如果你帮了他们的忙，他们心里就会有一种回报的意愿，在为你介绍新客户时会更加卖力。

总而言之，开发新客户并非没有捷径，通过老客户推荐新客户就是其中的一条。这些被推荐的新客户会比较容易地信任销售人员，接受销售人员的产品，这对实现销售是极为有利的。

结人脉网，把全世界的人都变成潜在客户

有很多销售员经常抱怨客户难找，不知道什么样的人才是潜在客户。实际上，每个人都可以是你的潜在客户，每一个经过你身边的人都有可能购买你的产品，每个客户都可以是你的贵人，到处都可以是你的办公地点。只要有人的地方，你就可以开始工作，认识你的客户：在你乘坐地铁的时候，在你就餐的时候，坐在你身旁的人就有可能是一位绝好的潜在客户。

因此，销售员在工作和生活中，要认真对待身边的每一个人，珍惜每一次交流的机会，这样才会有更多的收获，才能为自己积累起足够多的人脉资源，才能获得销售的成功。

有一天，乔治搭乘出租车去办事，车在十字路口遇到红灯时停了下来。原本紧跟在他后面的一部黑色豪华轿车和出租车并列停在了路口。透过车窗玻璃，乔治看到那部豪华轿车的后座上坐着一位颇有气派的绅士，他正在闭目养神。

乔治心想：乘坐如此豪华的轿车，一定是一位大富豪。红灯变成绿灯后，那部黑色豪华轿车起步较快，跑在了乔治乘坐的出租车前面。可是，没多久乔治就发现那部豪华轿车停在了路旁，似乎车抛锚了。

乔治赶紧叫出租车司机停车，他走到那辆车跟前，并询问司机车子出了什么故障。司机告知后，乔治表示愿意帮忙修理车子。这时，那位绅士也下了车，听乔治说要帮忙，急忙走到

乔治面前表示感谢。

没多久，乔治就把车子修好了，司机和绅士都很感谢乔治，声称要给乔治一些报酬，乔治谢绝了："这是我应该做的，我不会收取报酬的。另外，我是一个汽车销售员，需要买车的话可以跟我联系。"乔治边说边递过去名片，然后就与他们告别了。

一周之后，乔治接到一个电话，是那位绅士打来的，说想买一辆新车，希望乔治推荐一下。

乔治之所以能够赢得这位客户，主要就是因为他随时都在留心观察自己身边的人和事，找准一切时机进行销售。可见，客户到处都有，只要你多注意观察、多留心，那么，一定能够开发出更多的客户，如此一来，销售成功也就指日可待了。

做销售靠腿跑，这是基础，但要想取得更大的成功还是要靠人脉网。美国著名的社会心理学家斯坦利·米尔格兰姆已经证实：陌生人之间建立联系的最远距离只有六个人。一旦你建立起了人脉网，全世界都会变成你的潜在客户。

具体地说，你从以下几方面着手去做。

① 多与他人接触。在销售过程中，销售员接触的人绝大部分是陌生人。而潜在的客户绝大部分存在于陌生人中，销售员只有多与陌生人交流，才会发现更多的潜在客户。不管你销售什么，都要从最近的地方开始寻找客户，如亲朋好友、邻居，以及公司的同事。如果你不敢向这些人销售，只能说明你手中的东西不够好，或者你认为不够好。

有些销售员非常聪明，也酷爱钻研，简直是产品知识方面的专家。但遗憾的是，他们的业绩往往不够理想。这就是因为他们缺乏主动性，缺少与他人的接触和交流。要知道，不与客户交流，就不要指望能做出什么业绩来。所以，销售员要多与他人接触。

②热心，懂得关爱他人。在与他人交往的过程中，人们往往对陌生人有着本能的警惕心理。销售员要想接近陌生人，使陌生人接纳自己、认同自己，就需要有关爱之心。关爱是令人难以拒绝的，也是容易令人感动的。在销售过程中，如果销售员能够像关爱自己的亲人那样去关爱陌生人，是能够让那些陌生人感动的，也是能够获得他们的信任的。在取得他们的信任后，他们一旦有消费需求，当然会首先考虑购买你的产品。

总之，身为销售人员的你要多和人交往，哪怕对方根本不可能成为你的客户，但他们却可能成为你找到客户的桥梁。